Zhongguo Wenhua Zhishi Duben

中国文化知识读本

春节

主编 金开诚

编著 边长庆 闫春生

吉林出版集团有限责任公司
吉林文史出版社

图书在版编目（CIP）数据

春节 / 边长庆，闫春生编著. — 长春 ：吉林出版集团有限责任公司 ：吉林文史出版社，2009.12 （2023.4重印）
（中国文化知识读本）
ISBN 978-7-5463-1704-5

Ⅰ. ①春… Ⅱ. ①边… ②闫… Ⅲ. ①春节－风俗习惯－中国 Ⅳ. ①K892.1

中国版本图书馆CIP数据核字(2009)第236867号

春节

CHUNJIE

主编/ 金开诚 **编著**/边长庆 闫春生
责任编辑/曹恒 崔博华 **责任校对**/袁一鸣
装帧设计/曹恒
出版发行/吉林出版集团有限责任公司 吉林文史出版社
地址/长春市福祉大路5788号 **邮编**/130000
印刷/天津市天玺印务有限公司
版次/2009年12月第1版 **印次**/2023年4月第17次印刷
开本/660mm×915mm 1/16
印张/8 **字数**/30千
书号/ISBN 978-7-5463-1704-5
定价/34.80元

前 言

文化是一种社会现象，是人类物质文明和精神文明有机融合的产物；同时又是一种历史现象，是社会的历史沉积。当今世界，随着经济全球化进程的加快，人们也越来越重视本民族的文化。我们只有加强对本民族文化的继承和创新，才能更好地弘扬民族精神，增强民族凝聚力。历史经验告诉我们，任何一个民族要想屹立于世界民族之林，必须具有自尊、自信、自强的民族意识。文化是维系一个民族生存和发展的强大动力。一个民族的存在依赖文化，文化的解体就是一个民族的消亡。

随着我国综合国力的日益强大，广大民众对重塑民族自尊心和自豪感的愿望日益迫切。作为民族大家庭中的一员，将源远流长、博大精深的中国文化继承并传播给广大群众，特别是青年一代，是我们出版人义不容辞的责任。

本套丛书是由吉林文史出版社和吉林出版集团有限责任公司组织国内知名专家学者编写的一套旨在传播中华五千年优秀传统文化，提高全民文化修养的大型知识读本。该书在深入挖掘和整理中华优秀传统文化成果的同时，结合社会发展，注入了时代精神。书中优美生动的文字、简明通俗的语言、图文并茂的形式，把中国文化中的物态文化、制度文化、行为文化、精神文化等知识要点全面展示给读者。点点滴滴的文化知识仿佛颗颗繁星，组成了灿烂辉煌的中国文化的天穹。

希望本书能为弘扬中华五千年优秀传统文化、增强各民族团结、构建社会主义和谐社会尽一份绵薄之力，也坚信我们的中华民族一定能够早日实现伟大复兴！

目录

一、春节简介

挂起灯笼，喜迎春节

我国是一个多民族聚居，农耕文明发达最早的国家。在长期的劳动生活中，人们总要在年终岁尾的时候，以各种形式抒发对劳动的热爱，表达获得丰收的喜悦。因此，春节期间的庆祝活动比起其他节日来形式更加多样，内容更为丰富多彩，具有特别浓郁的民族特色，同时也赋予了更多神秘和喜庆色彩。

春节俗称过年，民谣有："小孩儿，小孩儿你别哭，过了腊八就杀猪""小孩儿，小孩儿你别馋，过了腊八就是年”。这首民谣里讲到的过年的情景是从腊月初八开始的。在我国民间，传统意义上的春节是指从腊月初八的“腊祭”、腊月廿三或廿四的“祭灶”、腊月三十（除夕）一直到正月十五这个期间；而在广大农村，更是延长到了二月二才算过完年。

春节是汉族最重要的节日，满、蒙古、瑶、壮、白、高山、赫哲、哈尼、达斡尔、侗、黎等十几个少数民族也有过春节的习俗，只是过节的形式更有自己的民族特色，更韵味无穷。这些活动均以祭祀神佛、祈求丰年为主要内容。据《诗经》记载，每到

人们燃放烟花来庆祝春节

农家门前悬挂的玉米昭示着一年的丰收成果

农历新年，农民喝“春酒”、祝“改岁”，尽情欢乐，庆祝一年的丰收。到了晋朝，还增添了放爆竹的节目，即燃起堆堆烈火，将竹子放在火里烧，发出噼噼啪啪的爆炸声，使节日气氛更浓。

春节在不同时代有不同的名称。先秦时叫“元日”“改岁”“献岁”等；两汉时期，又被叫为“三朝”“岁旦”“正旦”“正日”；魏晋南北朝时称为“元辰”“元日”“元首”“岁朝”等；到了唐、宋、元、明，则称为“元旦”“元日”“岁日”“新正”“新元”等；而清代，一直叫“元旦”或“元日”。1911年，辛亥革命推翻了清朝统治，为了“行夏历，

热闹的春节灯会

所以顺农时；从西历，所以便统计”，各省都督府代表在南京召开会议，决定使用公历。1911 年 12 月 31 日，中华民国湖北军政府在发布的《内务部关于中华民国改用阳历的通谕》中，把农历正月初一定为春节。至今，人们仍沿用“春节”这一习惯称呼。1949 年 9 月 27 日，中国人民政治协商会议第一届全体会议进一步明确农历正月初一称为“春节”。“春节”正式列入中国节日法典。2006 年 5 月 20 日，“春节”民俗经国务院批准，列入第一批国家级非物质文化遗产名录。

时至今天，有为数可观的华人的国家都将农历新年定为公共假期。中国内地：正月

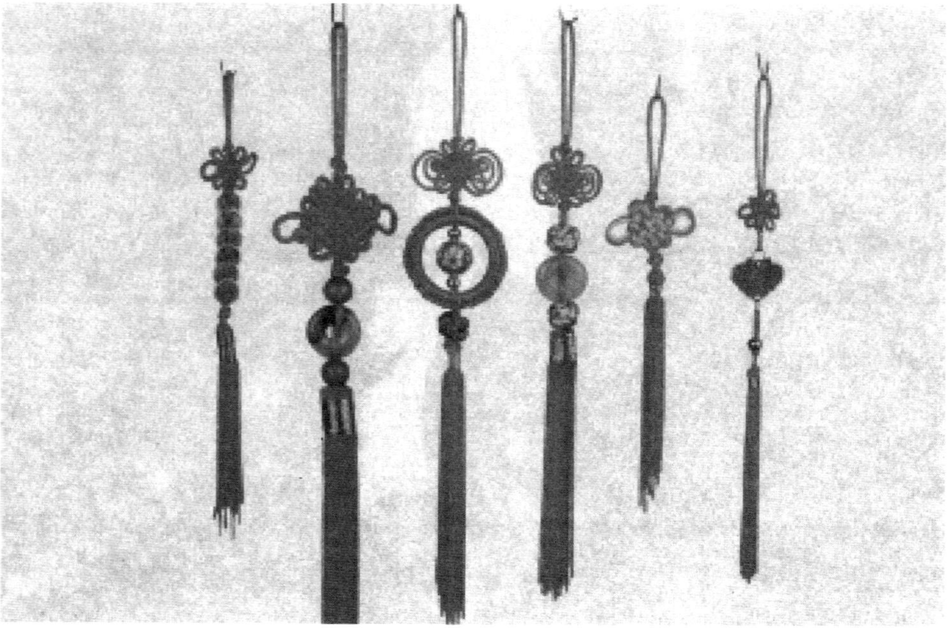

中国结

春节期间，人们会燃放爆竹，庆祝一年的丰收

首 3 天。另外通过和相邻两个周末的倒休，春节假期一般由除夕下午一直持续到初七或初八。香港及澳门特别行政区：正月首 3 天。如果正月首 3 天中任何一天碰巧是星期日，大年除夕会被纳入公众假期。台湾省：除夕及正月首 3 天。若除夕或正月初一遇到星期六或星期日，则正月初四（及初五）补假。

二、春节传说

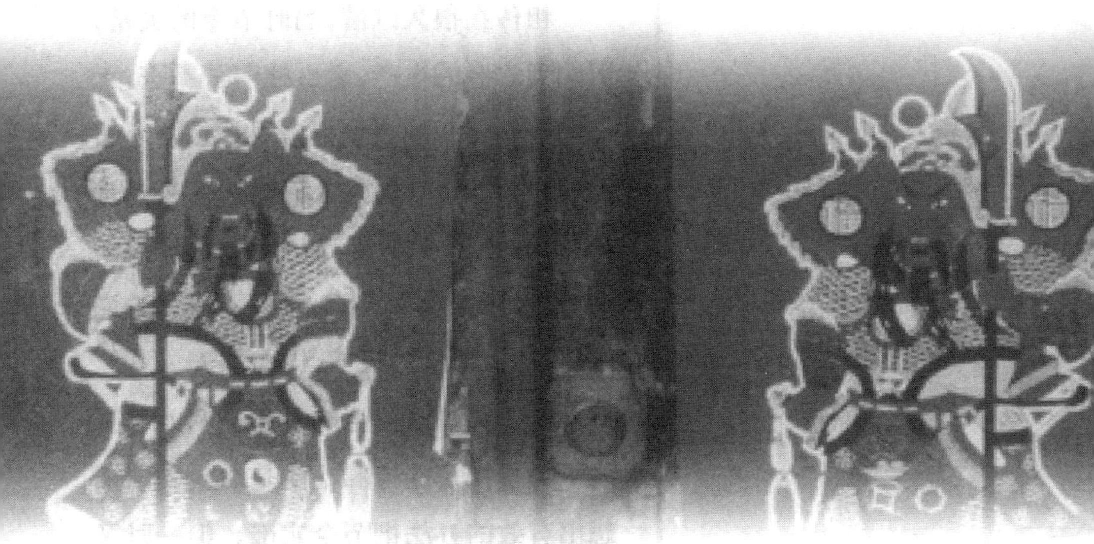

春节期间，各地会有不同的民俗活动

春节的由来，民间有许多传说。

相传在很久以前，当时节令的失常，影响到农业的生产，老百姓叫苦不迭。天子也很忧虑，他召集百官寻找节令失常的原因。节令官说是人们得罪了神灵造成的，要想节令正常，就得祭拜天神，请求宽恕。天子信以为真，带领百官去造坛祭祀天神，并诏谕天下，设台祭天。

有个以打柴为生的青年叫“万年”，他认为祭祀是徒劳的，于是决定一定要想出有效的办法把节令定准，但一时又不知从何着手。一天，他上山砍柴，休息时又想起节令的事来，遂苦思冥想，两眼望着树影直发呆。忽然，他

新春庙会一景

从那移动的树影中受到启发。回到家里，他设计了一个专门测日影计天时长短的“日晷仪”。可是，当天气出现云阴雾雨时，这种方法就不灵了，怎么办呢？后来在山上打柴时，他到泉边喝水，山崖上的泉水有节奏地往下滴，引起了他的兴趣。回家后，他就动手做了五层漏壶，用漏水的方法来记时。就这样，他通过测日影、漏水记时的方法来计天时长短，慢慢地发现：每隔三百六十多天，天时的长短就会重复一次。最长的一天在夏至，最短的一天在冬至。

他带着自制的日晷仪和漏水器去见天子，讲明了节令失常的道理，并根据自己

春节民俗表演——吐火

多年测定的结果，说明了冬至点，讲清日月运行的周期。天子听后，感到很有道理，于是就把万年留下，并在天坛前筑起日晷台、漏壶亭，又派十二个童子给万年服侍听用。

日晷台

后来，天子派节令官向万年了解历法编制情况。万年拿出其编制的草历说："日出日落三百六，周而复始从头来。草木荣枯分四时，一岁月有十二圆。"时隔不久，一天，天子亲自登上日月阁看望万年。万年拿出自己多年研究的历法，向天子讲述了日月出现的规律及对星象的观察结果，当时正值星象复原，万年说："子时夜交，旧岁已完，时又始春，希望天子定个节吧。"天子说："你到这里已三年多了，呕心沥血，制出太阳历，劳苦功高啊！春为岁首，就叫春节吧。"

寒来暑往，春去秋来。万年经过长期观察，精心推算，终于把太阳历定准了。当他把太阳历献给天子时，天子见他满头白发，深为感动，就把太阳历命名为"万年历"。

关于春节的由来，民间一直亦有一个驱逐鬼怪的传说。

相传古时候有一种叫做"年"的怪兽，头长触角，凶猛异常。"年"长年深居海底，每到除夕才爬上岸，吞食牲畜、伤害人命。

传说最初春节燃放爆竹是为了驱逐“年”兽

因此，每到除夕这天，村村寨寨的人们扶老携幼逃往深山，以躲避“年”兽的伤害。有一年除夕，从村外来了个乞讨的老人。乡亲们都恐慌地四处奔逃，只有村东头一位老婆婆给了老人些食物，并劝他快上山躲避“年”兽，那老人捋髯笑道：婆婆若让我在家待一夜，我一定把“年”兽撵走。老婆婆仍然继续劝说，乞讨老人笑而不语。半夜时分，“年”兽闯进村。它发现村里气氛与往年不同：村东头老婆婆家，门贴大红纸，屋内烛火通明。“年”兽浑身一抖，怪叫了一声。将近门口时，院内突然传来“砰砰啪啪”的炸响声，“年”浑身战栗，再不敢往前凑了。原来，“年”最怕红色、火光和炸响。这时，婆婆的家门大开，只见院内一位身披红袍的老人在哈哈大笑。“年”大惊失色，狼狈地逃跑了。

第二天是正月初一，避难回来的人们见村里安然无恙，十分惊奇。这时，老婆婆赶忙向乡亲们述说了乞讨老人的许诺。这件事很快在周围村里传开了，人们都知道了驱赶“年”兽的办法。从此，每年除夕，家家贴红对联、燃放爆竹；户户烛火通明、守更待岁。初一一大早，还要走亲串友、道喜问好。这风俗越传越广，成了中国民间最隆重的传

门神是民间最受欢迎的保护神之一

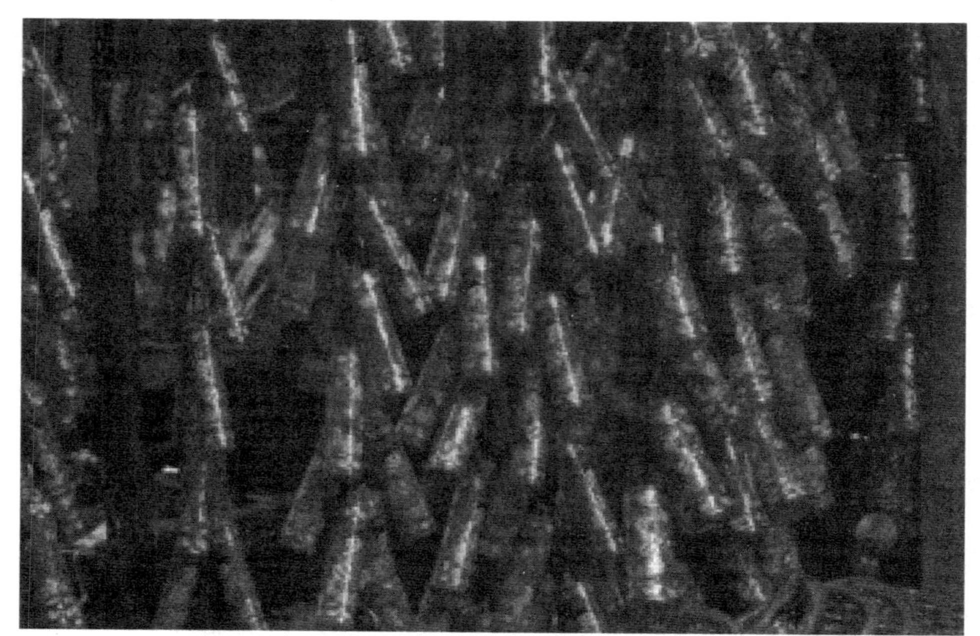

除夕之夜，爆竹声遍于朝野，彻夜无停

张灯结彩，辞旧迎新

统节日。到了清朝，放爆竹，张灯结彩，送旧迎新的活动更加热闹了。清代潘荣升在《帝京岁时记胜》中记载："除夕之次，夜子初交，门外宝炬争辉，玉珂竞响……闻爆竹声如击浪轰雷，遍于朝野，彻夜无停。"

以上两个传说，虽不足为据，但却为春节的来历增添了神话色彩。

三、春节习俗

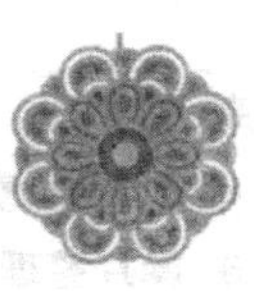

围绕着春节，几千年来形成了许多风俗习惯。有些习俗，如接神、敬天等，明显带有迷信色彩。随着人们科学文化水平的提高，对自然界的一些现象有了科学的认识和理解，有些活动已逐渐被淘汰了；有的习俗被赋予了新的内容，如祭灶、扫尘、守夜、燃放鞭炮、张贴春联和年画、耍龙灯、舞狮等等，迄今仍在城乡广为盛行。

（一）腊月廿三（祭灶）

腊月廿三又称“小年”，是民间祭灶的日子。祭灶，是一项在我国民间影响很大、流传极广的习俗。过去，差不多家家灶间都设有“灶王爷”神位，人们称这尊神为“司

灶王爷

命菩萨”或“灶君司命”。传说他是玉皇大帝封的“九天东厨司命灶王府君”，负责管理各家的灶火，作为一家的保护神而受到崇拜。

灶王龛

灶王龛大都设在灶房的北面或东面，中间供上灶王爷的神像。没有灶王龛的人家，也有将神像直接贴在墙上的。有的神像只画灶王爷一人，有的则有男女两人，女神被称为“灶王奶奶”。在河北省沧州一带，年年农历腊月，家家户户都从廿三这天一直忙到三十。三十晚上还要熬夜，叫做“守岁”。这个风俗，跟灶王奶奶有关系。

腊月廿三日的祭灶与过年有着密切的关系。因为，在一周后的大年三十晚上，灶王爷会带着一家人应该得到的吉凶祸福，与其他诸神一同来到人间。灶王爷被认为是为天上诸神引路的。其他诸神在过完年后再度升天，只有灶王爷会长久地留在人家的厨房内。

迎接诸神的仪式称为“接神”，对灶王爷来说叫做“接灶”。接灶一般在除夕，仪式要简单得多，到时只要换上新灶灯，在灶龛前燃香就可以了。

俗语有“男不拜月，女不祭灶”的说法。有的地方，女人是不祭灶的，据说，灶王爷长得像个小白脸，怕女的祭灶，有“男女之嫌”。对于灶王爷的来历，也有许多说法。在中国的民间诸神中，灶神的资格算是很老的。早在夏代，他已经是民间所尊奉的一位大神了。据古籍《礼记·礼器》孔颖达疏：“颛顼氏有子曰黎，为祝融，祀为灶神。”《庄子·达生》记载：“灶有髻。”司马彪注释说：“髻，灶神，着赤衣，状如美女。”《抱朴子·微旨》中又记载：“月晦之夜，灶神亦上天曰人罪状。”这些记载，大概是祭灶神的来源吧。还有，或说灶神是钻木取火的“燧人氏”；或说是神农氏的“火官”；或说是“黄帝作灶”的“苏吉利”；或说灶神姓张，名单，字子郭；

早在夏代，灶王爷就已经是民间尊奉的一位大神了

众说不一。

祭灶节，民间讲究吃饺子，取意“送行饺子接风面”。山区多吃糕和荞面。祭灶节在民间流行吃“灶糖”，意为用黏性很大的灶糖封住灶神的嘴，让其上天言好事。

灶糖是一种麦芽糖，黏性很大，把它抽为长条形的糖棍称为“关东糖”，拉制成扁圆形就叫做“糖瓜”。冬天把它放在屋外，因为天气严寒，糖瓜凝固得坚实而里边又有些微小的气泡，吃起来脆甜香酥，别有风味。真关东糖坚硬无比，摔不碎，吃时必须用菜刀劈开，质料很重很细。口味微酸，中间绝没有蜂窝，每块重一两、二两、四两，价

灶糖

小年吃灶糖

格也较贵一些。糖瓜分有芝麻的和没芝麻的两种，用糖做成甜瓜形或北瓜形，中心是空的，皮厚不及五分，虽大小不同，但成交仍以分量计算，大的糖瓜有重一二斤的，不过用作幌子。晋东南地区，流行吃炒玉米的习俗，民谚有“廿三，不吃炒，大年初一一锅倒”的说法。人们喜欢将炒玉米用麦芽糖黏结起来，冰冻成大块，吃起来酥脆香甜。

腊月廿三以后，家家户户都要贴春联。民间讲究有神必贴，每门必贴，每物必贴，所以春节的对联数量最多，内容最全。神灵前的对联特别讲究，多为敬仰和祈福之言，常见的有天地神联：“天恩深似海，地德重

每逢春节，家家户户都要贴春联

春节对联数量众多，内容丰富

如山”；土地神联：“土中生白玉，地内出黄金”；财神联：“天上财源主，人间福禄神”；井神联：“井能通四海，家可达三江”。粮仓、畜圈等处的春联，则都是表示热烈的庆贺与希望，如“五谷丰登，六畜兴旺”“米面如山厚，油盐似海深”“牛似南山虎、马如北海龙”“大羊年年盛，小羔月月增”等等。另外还有一些单联，如每个室内都贴“抬头见喜”，门户

粮仓也要挂上春联，祈愿五谷丰登

对面贴“出门见喜”，旺火上贴“旺气冲天”，院内贴“满院生金”，树上贴“根深叶茂”等等。大门上的对联，是一家的门面，特别受重视，或抒情，或写景，内容丰富，妙语联珠。

（二）腊月廿四（扫尘）

“腊月二十四，掸尘扫房子”的风俗由来已久。据《吕氏春秋》记载，我国在尧舜时代就有春节扫尘的风俗。按民间的说法：因“尘”与“陈”谐音，新春扫尘有“除陈布新”之意，其用意是要把一切“穷运”“晦气”“倒霉”统统扫出门。这一习俗寄托着人们破旧立新的愿望和辞旧迎新的祈求。

扫尘的习俗，北方称“扫房”，南方叫“掸尘”。在春节前扫尘，是中华民族素有的传统习惯。每临春节，家家户户都要清洗家具，拆洗被褥，开展一次卫生大扫除，干干净净迎新春。

“帚”字已见于甲骨文。陕西出土的商周青铜器上，就有“子持帚作洒扫形”的铭文。可见，人们在几千年以前就用扫帚扫除了。《礼记》中有“凡内外，鸡初鸣……洒扫室堂及庭”的记事。这说明，人们在很早以前就知道污秽、尘垢与传播疾病有关。周书《秘奥造宅经》中也有“沟渠通浚，屋宇洁净，无秽气，不生瘟疫”的记载。有人认为，早在尧舜时代，我国人民就有

在春节前扫尘，是我国民间由来已久的传统习俗

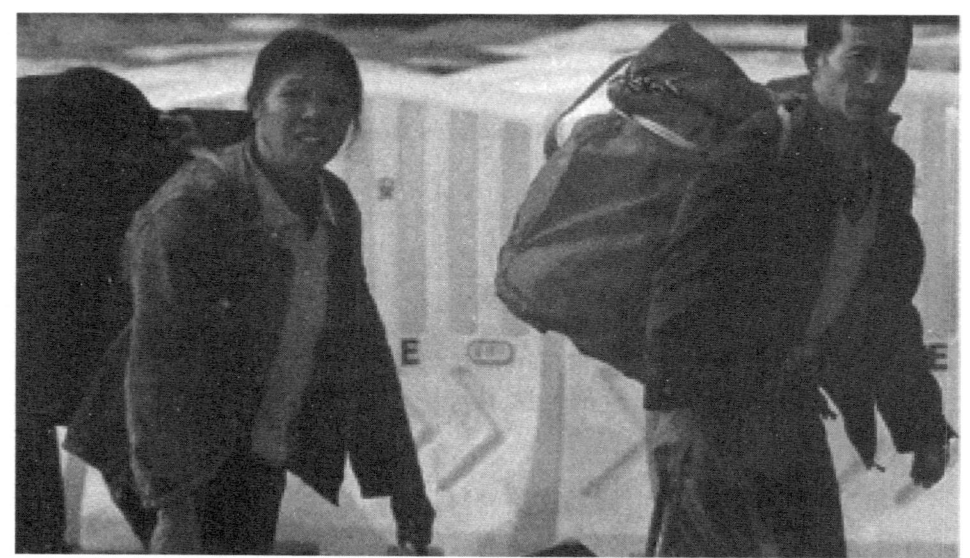

春节前夕急着回家团聚的人们

了“扫年”(古代把春节大扫除称为“扫年”)的习俗。它起源于古代人民驱除病疫的一种宗教仪式。《吕览注》称:“岁除日，击鼓驱疠疫鬼，谓之逐除。”后来，这种仪式逐渐演变为年终的卫生大扫除了。到了唐代，“扫年”之风盛行。“十二月尽……不论大小家，俱洒扫门间，去尘秽，净庭户……以祈新岁之安。”

民谚云:“廿四扫房屋，廿七、廿八贴花花。”就是说，从腊月廿四开始，到年终，均为“扫年”时间。“扫年”之风俗，反映了我国劳动人民爱清洁、讲卫生的传统。室外屋内，房前屋后，彻底进行打扫，干干净净迎新春。

（三）腊月三十（除夕）

门神画

除夕，是指每年农历腊月的最后一天的晚上，它与春节（正月初一）首尾相连。“除夕”中的“除”字是“去”的意思，除夕的意思是“月穷岁尽”，人们都要除旧布新，有旧岁至此而除、来年另换新岁的意思。在此期间的所有活动都围绕着除旧布新，消灾祈福为中心。

周、秦时期，每年将尽的时候，王宫里要举行“大傩”的仪式，击鼓驱逐疫疠之鬼，称为“逐除”。后又称除夕的前一天为小除，即小年夜；称除夕为大除，即大年夜。

1.贴门神

我国各地过年都有贴门神的风俗。最初的门神是刻桃木为人形，挂在门的旁边，后来是画成门神人像张贴于门上。传说中的神荼、郁垒兄弟二人专门管鬼，有他们守住门户，大小恶鬼不敢入门为害。

然而，真正史书记载的门神，不是神荼、郁垒，而是古代一个叫做成庆的勇士。班固在《汉书·广川王传》中记载：广川王（去疾）的殿门上曾画有古勇士成庆的画像，短衣大裤长剑。到了唐代，门神的位置便被秦叔宝和尉迟敬德所取代。

《西游记》中叙述得更加详尽：泾河龙王和一个算卦先生打赌，结果犯了天条，罪该问斩。玉帝任命魏征为监斩官。泾河龙王为求活命，向唐太宗求情。太宗答应了，到了斩龙的时辰，唐太宗召魏征与之对弈。没想到魏征下棋时，打了一个盹儿，就魂灵升天，将龙王斩了。龙王抱怨唐太宗言而无信，日夜在宫外呼号讨命。太宗告知群臣，大将秦叔宝道：愿同尉迟敬德戎装立门外以待。太宗应允。那一夜果然无事。太宗因不忍二将辛苦，遂命巧手丹青，画二将真容，贴于门上。这就是门神的由来。

还有画关羽、张飞像为门神的。门神像左、右户各一张，后人常把一对门神画成一文一武。门神分三类：第一类是“大门门神”，多贴在车门或整间大门上，高约四五尺，宽约二三尺。第二类是“街门门神”，多贴小街门上，高约二尺，宽约一尺。这两种门神都是一黑脸、一白脸两位尊神。白左黑右，白善良，黑狞恶，各手执槊钺。第三类是“屋门门神”，较街门门神稍小有限，也是黑、白二神。屋门最多是贴“麒麟送子”像，两

剑拔弩张的门神

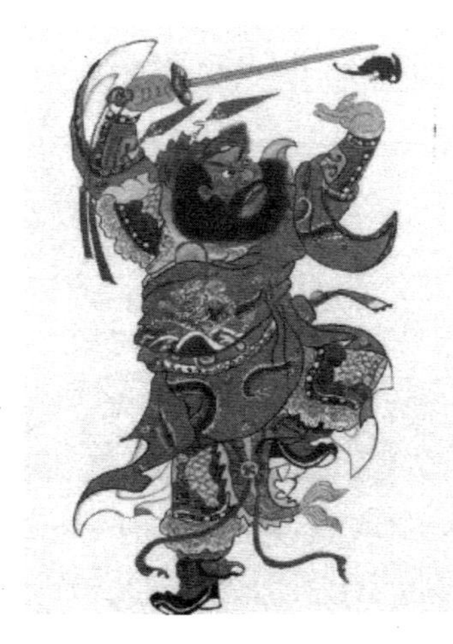

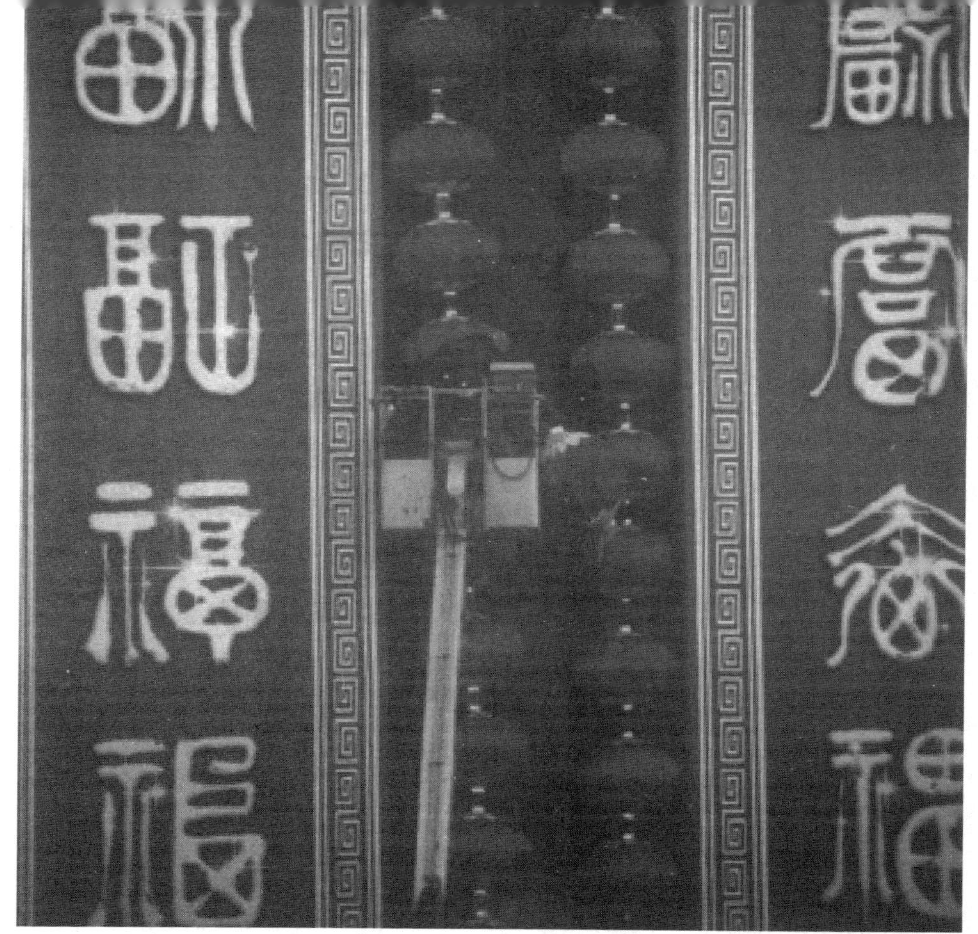

福字对联

个薄施粉脂、梳太子冠的娃娃，各乘麒麟。这种门神，本应贴在新婚家庭的屋门上，以取吉利，后来也用作普通街门的新年点缀品。

2.贴春联

春联，起源于桃符。“桃符”，周代悬挂在大门两旁的长方形桃木板。据《后汉书·礼仪志》说，桃符长六寸，宽三寸，桃木板上书“神荼”“郁垒”二神。正月一日，造桃符著户，名仙木，百鬼所畏。所以，清代《燕京岁时记》上说：“春联者，即桃符也。”

春联，又名对联、门对，古时有“桃符”“门帖”之称。它是我国独创的一种文学题材。

相传五代以前，古人对某些自然灾害或自然现象缺乏认识，误认为是神鬼作祟。于是过年时多用两块桃木削制成一寸多宽、七八寸长的木条，上面写着神荼、郁垒二神名，挂于门户。传说这背后还有一段生动的故事呢。

相传很早以前，有个风景秀丽的度朔山，

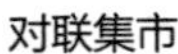

对联集市

燃放鞭炮

山上有一大片桃林。桃林里有棵大桃树，树下有两间石屋，石屋内住着两兄弟：哥哥叫神荼，弟弟叫郁垒。兄弟俩力大无比，雄狮见了低头，恶豹见了瘫地，老虎为其守林。兄弟俩相依为命，和桃林建立了深厚的感情。天旱了，他们挑来泉水；生虫了，他们细心去捉；培土整枝，辛勤劳作，不辞劳苦。那桃林终于结下累累硕果，那棵大桃树结的果又格外大、格外甜。人们都说它是仙桃，吃了能延年益寿，成为神仙。

在度朔山的东北面有一个野牛岭，岭上有个野王子。这野王子也有把子笨力气。他仗着自己力大人多，占山为王。他狠毒如蛇蝎，吃人心，喝人血，可把这一方的老百姓害苦了。野王子听说了度朔山上有仙桃，吃后能成仙，垂涎三尺，派人上度朔山，喝令神荼兄弟俩献仙桃。兄弟俩冷冷一笑，说："俺这仙桃只送穷人，不贡王。"说完，把来人撵下了山。

野王子知道后气得七窍生烟，即带三百人马上度朔山。神荼兄弟带着守林虎出桃林迎战，两方相遇，一场恶战，霎时把野王子打得狼狈逃窜。野王子吃了败仗，逃回岭上，想仙桃茶饭不香，思报仇昼夜难眠。

在一个墨黑的夜里，风呼呼地叫。神荼兄弟正睡得香的时候，忽听外边有动静，急

春节各家各户要贴"福"字

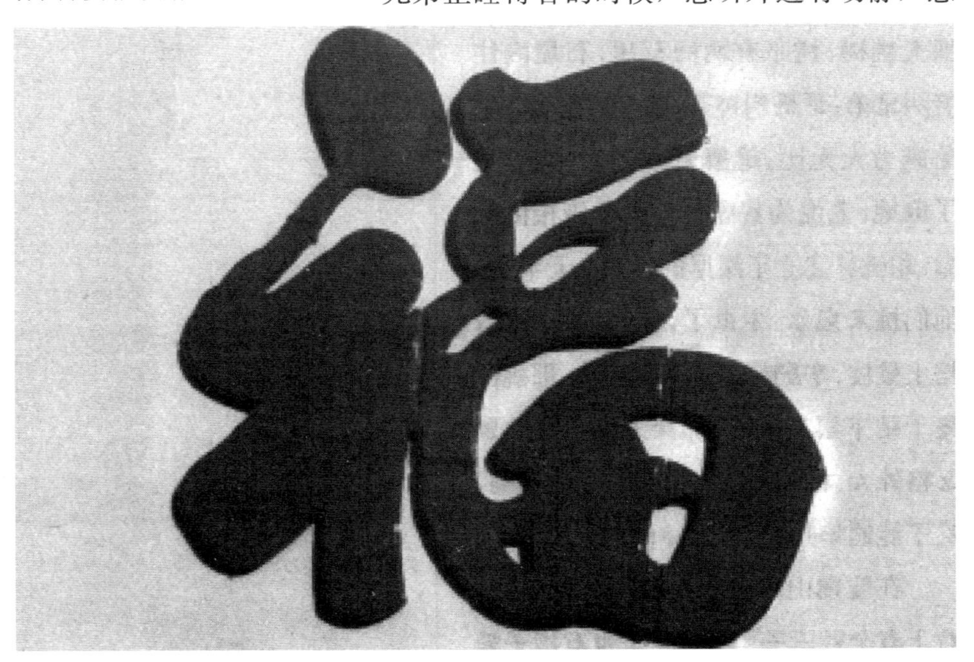

忙起身开门一看，只见从东北方向过来几十个鬼怪，个个青面獠牙，红发绿眼，奇形怪状，嗷嗷乱叫着向他们扑来。兄弟俩毫无畏惧。神荼随手提了根桃枝迎上去，郁垒抓了把草绳跟在后面。哥哥在前面抓，弟弟在后边捆，不多时，几十个鬼怪全被捆了起来，个个喂了老虎。

原来这些鬼怪是野王子和他手下人装扮的，本想把神荼兄弟俩吓跑，谁知毒计不成却丧了命。

次日，这事马上传开了，神荼兄弟的名字也就一传十，十传百，越传越远。

后来，兄弟俩去世了，人们传说他们

寒冬里绽放的腊梅为春节增添了几分喜庆

民居大门上的春联

的魂灵上了天堂，被老天爷封为专管惩治万鬼的神仙。此后，逢年过节，人们纷纷削制两片桃木板，画上神荼、郁垒与虎，挂立于门的两边，以示驱灾压邪，保护家人平安之意。这种桃制的木条即称“桃符”。可以说，这就是我国最初的春联。清代《燕京岁时记·春联》对春联作了注释：“春联者，即桃符也。自入腊以后，即有文人墨客，在市肆檐下书写春联，以图润笔。祭灶之后，则渐次粘挂，千门万户，焕然一春。”可见，桃符就是最初的春联。

据《宋史·蜀世家》载，五代时，后蜀的孟昶开始在桃木条上题写联语。有一次，

春联与桃符有着密切的联系

春节购买对联的人们

春联集市

他命翰林学士题写桃符板时，觉得词句欠佳，便亲自写了一副联语："新年纳余庆，嘉节号长春。"这是我国最早的一副春联。

到了宋代，春节贴春联已成为民间的习惯。不仅春节贴，平日逢吉日喜事，都在门上、建筑物的楹柱上张贴。然而，正式命名为春联，乃始于明太祖。帝王的提倡，使春联日盛。

宋代，春联仍称"桃符"。王安石的诗中就有"千门万户曈曈日，总把新桃换旧符"之句。宋代，桃符由桃木板改为纸张，叫"春贴纸"。明代，桃符才改称"春联"。明代陈云瞻的《簪云楼杂话》中载："春联之设，自明太祖始。帝都金陵，除夕前忽传旨：公卿士庶家门口须加春联一副，帝微行时出观。”朱元璋不仅微服出城，观赏笑乐，他还亲自题春联。相传，他经过一户人家，见门上不曾贴春联，便去询问，知道这是一家阉猪的，还未请人代写。朱元璋就特地为那阉猪人写了“双手劈开生死路，一刀割断是非根”的春联，联意贴切、幽默。经明太祖这一提倡，此后春联便相沿成为习俗，一直流传至今。

迎春接福表达着人们对生活的美好愿望

相传，清朝乾隆皇帝游江南的时候，经过南方一个叫通州的小镇。他想到河北省有个地方也叫通州，于是提出要与他的部下合写一副以通州为内容的对联。随即他就写上联：“南通州、北通州，南北通州通南北。”他的部下看后感到棘手，一个个急得像热锅上的蚂蚁，关门查找资料，忙得不亦乐乎。然而所对出的下联，乾隆都不中意。后有一名默默无闻的小随从，上街游玩发现通州这个镇虽小，却有与众不同的特点，就是当铺非常多。望着人们出入当铺，不禁灵机一动，吟出一句妙语：“东当铺，西当铺，东西当铺当东西。”乾隆一听，拍手叫好，当即下令对此人给予嘉奖，并升官三级。从这联话趣事中，看出清朝春联的盛行。

春联是一种特殊形式的诗，字数一般在三字以上不等，多到五百多字，上下两联必须字数相等，意义相近、相关或相反。一般来说，创作春联有四方面的要求：一是字数要相等，二是结构要相同，三是词性要相当，四是平仄要相协。

与诗相比，对联讲究对仗工整，格律严谨。但它的风格却是千姿百态的，有的婉转含蓄，有的豪放粗犷，有的托物言志、寓情于景，有的借古喻今、激浊扬清。使人看后情趣盎然，深受教益。

写春联也十分讲究

春节贴福字，无论是现在还是过去，都寄托着人们对幸福生活的向往

历代春联不乏佳作，其中最有名的当属明朝才子林大钦撰写的“天增岁月人增寿，春满乾坤福满堂”了。随着时代的变迁，广大群众给春联赋予了新的内容，创作了许许多多富有生气的春联。“莺歌花更红，燕舞春又归。”这副春联对仗工整，描绘了祖国大好春光。

3.贴福字、贴窗花、贴年画

春节贴“福”字，在宋朝以前就有了，人们把“福”字写在红色方纸上，倒过来贴在门、窗、家具上，取其“福到（倒）了”之意。春节贴“福”字，寄托了人们对幸福生活的向往和对美好未来的憧憬。

“福”字剪纸

民间还有将“福”字等图文字精描细织剪成各种图案的，如寿星、寿桃、鲤鱼跳龙门、五谷丰登、龙凤呈祥等贴于窗上，称“窗花”。“窗花”也是民间节日期间祈福，庆祝新年的一种习俗。现在很多农村还保留着这种习俗。

倒‘福”字意为福到了

在众多的艺术形式中，年画是我国的一种古老的民间艺术。它反映了人民大众的风俗和信仰，寄托着人们对未来的希望。年画是我国民间绘画艺术中人民群众喜闻乐见的一种形式。它是伴随着我国农历春节送旧迎新的活动而产生的。至今，广大农村每年春节还有张贴年画的传统。

年画中，要以门画起源最早。它是由古时的门神画演变而来的。关于“门神”南朝梁人宗懔的《荆楚岁时记》载：“正月一日，绘二神贴户左右，左神荼，右郁垒，俗称之门神。”到了唐代，便由真人秦叔宝、胡敬德出来代替假设中的神荼、郁垒了。据史料称:“户神，唐秦叔宝、尉迟敬德二将军也。”据传说：“唐太宗不豫，寝门外鬼魅呼号，太宗以告群臣。秦叔宝奏曰：‘愿同尉迟敬德戎装立门外以伺，太宗允其奏，夜果无事。后命画工绘二人之像于门，邪祟以息。后世

朱仙镇木版年画制作

沿袭，遂永为门神。”可见，门神与门画是有密切联系的。民间还有将钟馗作为门神贴于门首的传说。钟馗之为门神，看来也是“刻画效象、冀以御凶”。

到了宋代，逐步演化成了木版年画（分为着色、套色两种），现存最早的木刻年画是宋版的，画着王昭君、赵飞燕、班姬、绿珠古代美女的《四美图》。明末清初，出现了“三大民间木刻年画”：天津的“杨柳青”、苏州的“桃花坞”和山东潍县的年画，均有三百多年的历史，在中国版画史上享有重要地位，曾先后传入日本和英国、德国等国家。始于南宋的福建年画，畅销南洋，深受欢迎。传统的年画，多为木刻水印，线条单纯，色彩鲜明，画面热闹，题材多以五谷丰登、春牛、婴儿、风景、花鸟等为内容。

新年画在传统的基础上推陈出新，多以爱国主义、国际主义、劳动生产等为题材，反映现实生活。目前，随着科学技术的不断发展，年画已可用多种先进方法印刷。形式多种多样，有中画、屏条、挂签、斗方、窗顶、桌围、灶画、喜幅等数十种。题材亦十分广泛，有山水花鸟、戏曲人物、民间传说等广泛的内容。风格各异：北京西北一带的年画，以粗犷、苍劲闻名；天津“杨柳青”年画，以细巧、典雅著称；山东潍县和苏州桃花坞年画，则以粗壮、朴实见长；漳州年画，黑底粉印，绚烂多姿，浓丽凝重，独具一格；佛山年画，色彩鲜明，红底黑版，质朴动人，别有风韵；上海月历牌年画胶版精印，细润柔和，色彩缤纷，饶有风趣。此外，还有四川的绵竹、广西柳州等地的年画，都具有独特的风采。曾几何时，新春佳节贴年画的风俗遍布城乡。

年画也和春联一样，起源于“门神”。而年画依然沿着绘画方向发展。随着木板印刷术的兴起，年画的内容已不仅限于门神，

杨柳青年画《四美钓鱼》

而渐渐把财神请到家里，进而在一些年画作坊中产生了《福禄寿三星图》《天官赐福》《五谷丰登》《六畜兴旺》《迎春接福》等彩色年画，以满足人们喜庆祈年的美好愿望。因明太祖朱元璋提倡春节贴春联，年画也受其影响随之而盛行开来，全国出现了年画的三个重要产地：苏州桃花坞，天津杨柳青和山东潍坊；形成了我国年画的三大流派。

民国初年，上海郑曼陀将月历和年画二者结合起来，这是年画的一种新形式。这种合二而一的年画，以后发展成挂历，或制成“月历牌”年画和挂历年画。除春联、年画外，还有一种习俗叫挂千，就是用吉祥语镌于红纸之上，长尺有咫，粘之门前，与桃符相辉映。其上有八仙人物的，为佛前所挂。挂千民户多用它，世家大族用它的较少。其黄纸长三寸，红纸长寸余，是“小挂千”，为市肆所用。最早的挂千当是以制钱（铜钱）串挂的，与压岁钱一样的作用。

苏州桃花坞年画

4.置天地桌

这是一个临时性的供桌，是除夕专设之桌。一般无大佛堂之家特别重视天地桌，因为平时对佛供奉较少，到年终岁尽时对神佛

天地桌

大酬劳一次。此外，这桌主要是为接神使用。天地桌的内容与常年佛堂有所不同，除共有的挂钱、香烛、五供、大供之外，其受祀的偶像也大都是临时性的。过去置一本木刻版的神像画册，供上“天地三界十八佛诸神”，或是一张用大幅黄毛边纸木刻水彩印的全神码、福禄寿三星画像等。以上诸像有的接神后即焚化，有的则须到破五、甚至到灯节才

年夜饭吃饺子

焚烧。摆天地桌的位置也不统一，如堂屋地方宽大，可置于屋中；如屋内无地，就置于院中。传说此夜为天上诸神下界之时，所以民间有此接神习俗。

5.守岁

我国民间在除夕有守岁的习惯，俗名“熬年”。守岁从吃年夜饭开始，这顿年夜饭要慢慢地吃，从掌灯时分入席，有的人家一直要吃到深夜。根据宗懔《荆楚岁时记》的记载，至少在南北朝时已有吃年夜饭的习俗。守岁的习俗，既有对如水逝去的岁月含惜别留恋之情，又有对来临的新年寄以美好希望之意。除夕之夜，人们通宵不寐，叙旧话新，互相鼓励，祝贺来年有个良好的开端。守岁早已成为我国历代相传的习俗。

守岁源于何时？《秦中岁时记》载：“守岁之事三代前后典籍无文。”至唐杜甫的《杜位宅守岁》诗云:“守岁阿咸家，椒盘已颂花。”疑自唐始。唐诗中对守岁习俗有不少的描写。白居易《客中守岁》诗：“守岁尊无酒，思乡泪满巾。”孟浩然有“续明催画烛，守岁接长筵”的诗句。到了宋朝，守岁之风遍于城乡。苏东坡的“儿童强不睡，相守夜欢哗”，描述了守岁的情景。《东京梦华录》记载:“除夕……士庶之家，围炉而坐，达旦不寐，谓之守岁。”由于受我国的影响，在日本、越南、泰国等地，均有除夕守岁之说，就连欧美和非洲，也有

我国民间在除夕有守岁的习惯

古代守岁图

类似的习俗。

常言道:“黄金易得，韶光难留。”爱生命，惜光阴，这也许是普天下守岁之因吧！守岁的“守”，既有对即将逝去的旧岁留恋之情，也有对即将到来的新年怀希望之意。“一夜连双岁，五更分二年”，在除旧布新之际，亲朋好友，围炉而坐。回顾过去，展望未来，不是没有益处的。元朝的《唐才子传》里记有唐代大诗人贾岛除夕“祭诗”的一段佳话：每至除夕，贾岛必取一岁之作置几上，焚香再拜，酹酒祝曰：“此吾终年苦心也。”他每到除夕，对过去一年得失作一番总结，对我们来说也是值得借鉴的。如果“三十六旬都浪过”，尚不“偏从此夜惜年华”，那么，“守岁”也就失其意义了。

6.燃放爆竹

每当除夕之夜，不管是繁华的城市还是僻静的山村，无论是霓虹灯闪耀的闹市还是小巷深处，爆竹声此起彼落，竞相欢叫。那五彩缤纷的火花，在深沉的夜幕划出一道道彩虹，一朵朵云霞，给节日增添了无穷的乐趣。

放爆竹庆贺春节，在我国已有两千多年的历史了。古人焚竹发声，名曰“爆竹”。“古

春节燃放鞭炮

时爆竹，皆以真竹着火爆之，故唐人诗亦称爆竿。后人卷纸为之，称曰爆竹。”爆竹的原意在于惊惮和驱逐恶鬼。《荆楚岁时记》中记述：“正月一日，是三元之日也，鸡鸣而起，先于庭前爆竹，以辟山魈恶鬼。”《神异经》云:“西方山中有人焉，长尺余、一足，性不畏人；犯之令人寒热，名曰山魈。以竹着火中，扑哔有声，而山魈惊惮。后人遂象其形，以火药为之。”这当然是迷信的说法。今天，我们放爆竹虽有除旧迎新、取个吉祥兆头之意，但已没有什么迷信的色彩了。关于燃放爆竹还有一段传说。

相传，初唐年间，一些地方天灾连年，

瘟疫四起，有个叫李田的人便在小竹筒内装上硝，导以爆炸，以硝烟驱散山岚瘴气，减退疫病流行，这便是装硝爆竹最早的雏形。后来，由于火药的发明，人们用纸造的筒子代替了竹子，并用麻茎把炮竹编成串，称为“编炮”，因声音清脆如鞭响，也叫“鞭炮”。

《东京梦华录》中记载，宋代已有除夕出售鞭炮于开封府街头。全国各地也有了专门生产爆竹的作坊。最初的纸卷爆竹，响一下就完了，后来发展为各种花炮。

爆竹是中国特产，在外国是没有的。从古至今，由于人们不断加工、改进，爆竹的品种、

长长的鞭炮

放鞭炮庆贺春节，在我国已有两千年的历史了

样式越来越多，色彩也跳出了单一的火红色。除了传统的单响、双响鞭炮外，还有许许多多的花炮，并取了一个个文雅、富于诗意的名称。如：“金菊吐艳”“飞雪迎春”“仙女散花”“白雪红梅”“金猴腾空”等等，还有百头、千头、万头、甚至长达十万头的巨型鞭炮，真是五花八门，应有尽有。鞭炮焰火越来越大，威力也越来越来大，时有伤人、引发火灾而造成人身财产损失的情况发生。这样的情况应当引起人们的注意。

当午夜交正子时，新年钟声敲响，整个中华大地，爆竹声震响天宇。在这“岁之元、月之元、日之元”的“三元”时刻，有的地

春节采购爆竹的人们

方还在庭院里垒“旺火”，以示旺气通天，兴隆繁盛。在熊熊燃烧的旺火周围，孩子们放爆竹，欢乐地活蹦乱跳。这时，屋内是通明的灯火，庭前是灿烂的火花，屋外是震天的响声，把除夕的热闹气氛推向了最高潮。历代的诗人墨客总是以最美好的诗句赞颂新年的来临。王安石的《元日》诗：“爆竹声中一岁除，春风送暖入屠苏。千门万户曈曈日，总把新桃换旧符。”描绘了人们欢度春节的盛大喜庆情景。爆竹声响是辞旧迎新的标志、喜庆心情的流露。经商的人家放爆竹还有另一番意义，即希望新的一年大吉大利。不过，据旧习认为，敬财神要争先，放爆竹要殿后。

春节合家欢

传说，要想发大财者，鞭炮要响到最后才算心诚。

7.吃年夜饭

孩子们在玩耍、放爆竹的时候，也正是主妇们在厨房里最忙碌的时刻，年菜有些都在前几天做好了，而年夜饭总要在年三十当天掌厨做出来。在北方，大年初一的饺子也要在三十晚上包出来。这时家家都在噔噔噔地忙着剁肉、切菜。此时，砧板声、爆竹声、说笑声，此起彼伏，洋洋盈耳，交织成除夕欢快的乐章。

吃年夜饭，是春节家家户户最热闹、最

愉快的时候。大年夜，丰盛的饭菜摆满一桌，阖家团聚，围坐桌旁，共吃团圆饭，心头的充实感真是难以言喻。人们既是享受满桌的佳肴盛馔，也是享受那份快乐的气氛。桌上有大菜、冷盘、热炒、点心，一般少不了两样东西，一是火锅，一是鱼。火锅沸煮，热气腾腾，温馨撩人，说明红红火火；“鱼”和“余”谐音，是象征“吉庆有余”，也喻示“年年有余”。还有萝卜，俗称“菜头”，祝愿有好彩头；龙虾、鲍鱼等煎炸食物，预祝家运兴旺如“烈火烹油”。最后多为一道甜食，祝福往后的日子甜甜蜜蜜。这天，即使不会喝酒的，多少也要喝一点。

年夜饭的名堂很多，南北各地不同，有饺子、馄饨、长面、元宵等，而且各有讲究。北方人过年习惯吃饺子，是取新旧交替“更岁交子”的意思。又因为白面饺子形状像银元宝，一盘盘端上桌象征着“新年大发财，元宝滚进来”之意。有的人家包饺子时，还把几枚沸水消毒后的硬币包进去，说是谁先吃到，就能多挣钱。

饺子形似元宝，象征着新年发大财

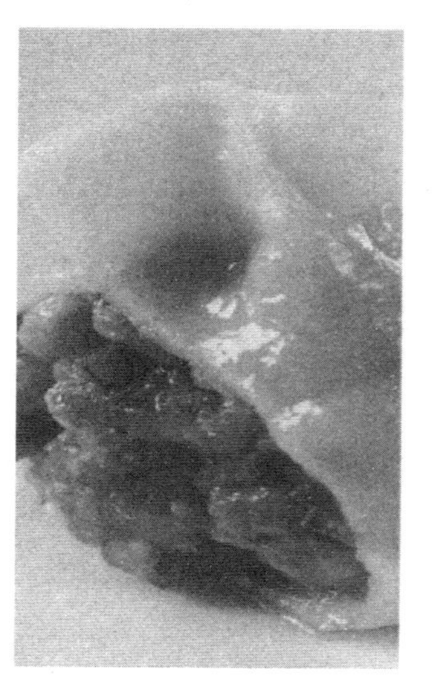

吃饺子的习俗是从汉朝传下来的。相传，医圣张仲景在寒冬腊月看到穷人的耳朵被冻烂了，便制作了一种“祛寒娇耳汤”给穷人

治冻伤。他用羊肉、辣椒和一些祛寒温热的药材，用面皮包成耳朵样子的“娇耳”，下锅煮熟，分给穷人吃。人们吃后，觉得浑身变暖，两耳发热。以后，人们仿效着做，一直流传到今天。

新年吃馄饨也有它的含义，古语道：“混沌初开，乾坤始奠。气之清者上浮为天，气之浊重者下沉为地。”吃馄饨是取其开初之意。传说世界生成以前是混沌状态，盘古开天辟地，才有了宇宙四方。还有吃长面，也叫“长寿面”。新年吃面，是预祝长寿百年。

8.接神

接神是为新旧年分野，但接神时间亦不太统一。有的子时一到就开始举行仪式；有

北方人过年习惯吃饺子

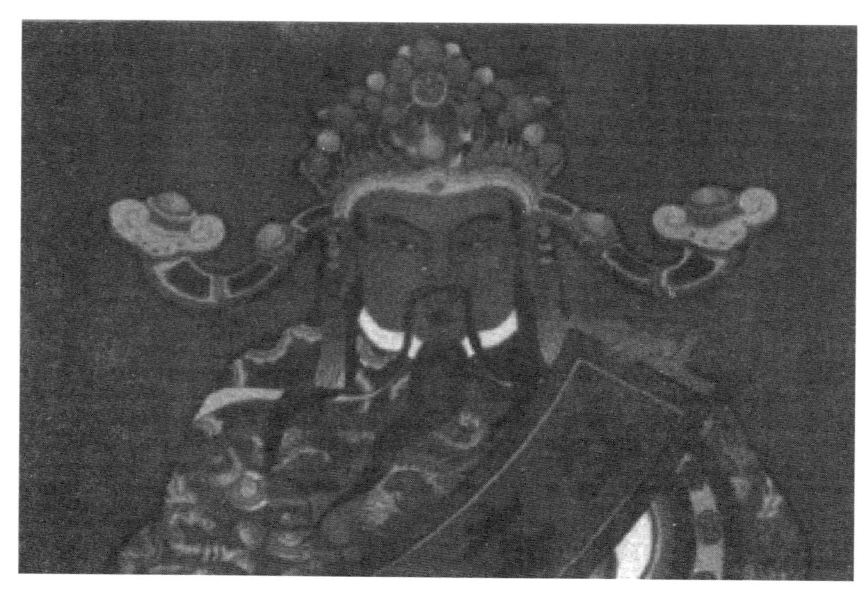

财神像

的到“子正”之时，即午夜零点开始接神；有的则在“子正”之后方接。祭灶后，诸神都回天宫，不理人间俗事，到除夕子时后，即新一年来临时，又降临人间理事。接神的仪式在天地桌前举行，由全家中的长者主持。因为诸神所居的天界方位不同，下界时来的方向自然也不同，至于接何神，神从何方来，要预先查好“宪书”，然后带领全家举香在院中按方位接神，有：“财神正东、福神正南、贵神东北、喜神西南、太岁神西南等”的说法。按方位叩首礼毕后，肃立待香尽，再叩首，最后将香根、神像、元宝锭等取下，放入早已在院中备好的钱粮盆内焚烧，同时燃松枝、芝麻秸等。接神时鞭炮齐鸣，气氛极浓烈。

9.踩祟

旧时，接神后将芝麻秸从街门内铺到屋门，人在上面行走，噼啪作声，称为“踩岁”，亦叫“踩祟”。由于“碎”与“祟”同音，取新春开始驱除邪祟的意思。

10.祭祖

旧时，这种礼俗很盛。因各地礼俗的不同，祭祖形式也各异，有的到野外瞻拜祖墓，有的到宗祠拜祖。而大多在家中将祖先牌位依次摆在正厅，陈列供品，然后祭拜者按长幼的顺序上香跪拜。汉人祭祖，多半做鱼肉

旧时，过年祭祖的礼俗很盛

碗菜，盛以高碗，颇有钟鸣鼎食之意。南方人流寓北京的，祭祖尤为隆重。大半是八碗大菜，中设火锅，按灵位设杯箸，在除夕、元旦、元夜，都将火锅扇开，随时换菜。八旗之人祭祖，满蒙不同，蒙古旗人供以黄油炒黄米面，撤供时炸以香油，蘸以白糖，另有风味。满洲旗人祭祖，供核桃酥、芙蓉糕、苹果、素蜡檀香，静肃异常。除夕夜和元旦供素煮饽饽，上元夜供元宵，每日早晚焚香叩头，献供新茶。祭祖形式虽各不同，大半都是除夕夜悬影，上元夜撤供，亲朋当中至近的，拜年时也必须叩谒祖先堂，因其人敬其祖的美德，也借此保存下来了。

祭祖供品芙蓉糕

迎财神

11.送财神

旧时，从春节子夜开财门起就有送财神的，手拿着一张纸印的财神在门外嚷着：“送财神爷的来啦！”这时屋里的主人，为了表示欢迎财神，便拿赏钱给来人。送财神的口中，当然总免不了要说些吉利话，例如：“金银财宝滚进来”“左边有对金狮子，右边有对金凤凰”等之类的口彩。另外还会装扮成财神爷的模样，身穿红袍，头戴纱帽，嘴上挂着假胡子，身上背着一个收钱的黄布袋，后面跟着几个敲锣打鼓的，挨家挨户地去散发财神爷像，以便讨赏钱。每到人家门口，就唱起“左厢堆满金银库，右边财宝满屋堆”等一大堆讨吉利的话，不绝于口。直到主人欢喜地接过那张红纸财神爷像并赏些钱给他们，扮财神的这些人，连声道谢之后，便在咚咚锵锵的锣鼓声中，转到别家去了。

12.饮屠苏酒

屠苏酒是一种药酒。在古代习俗中，元日全家饮屠苏酒，以祛不正之气。古时饮屠苏酒，方法很别致。一般人饮酒，总是从年

屠苏酒

喝屠苏酒以驱不正之气

长者饮起；但是饮屠苏酒却正好相反，是从最年少者饮起。大概年少者一天天长大，先饮酒以示祝贺，而年长者过一年少一年，后饮以示挽留。宋朝文学家苏辙的《除日》诗道：“年年最后饮屠苏，不觉年来七十余。”说的就是这种风俗。这种别开生面的饮酒次序，在古代每每令人产生种种感慨，所以给人留有深刻的印象。

13.隔年饭

在北方，有的人家还要供一盆饭，年前烧好，要供过年，叫做“隔年饭”。是年年有剩饭，一年到头吃不完，今年还吃昔年粮的意思。这盆隔年饭一般用大米和小米混合起来煮，北京俗话叫“二米子饭”，是为了有黄有白，这叫做“有金有银，金银满盆”的“金银饭”。不少地方在守岁时所备的糕点瓜果，都是想讨个吉利的口彩：吃枣（春来早），吃柿饼（事事如意）吃杏仁（幸福人），吃长生果（长生不老），吃年糕（一年更比一年高）。除夕之夜，一家老小，边吃边乐，谈笑畅叙，其乐融融。

14.压岁钱

除夕夜孩子们最盼望的事也许就是压岁钱了。压岁钱是由长辈分发给未成年的晚辈。有的家里是吃完年夜饭后，人人坐在桌旁不

春节糕点

许走，由长辈发压岁钱给晚辈，并勉励儿孙在新的一年里学习进步，好好做人做事。有的人家是父母在夜晚子女睡熟后，放在他们的枕头下。更多的人家是小孩们齐聚正厅，高呼爷爷奶奶、爸爸妈妈新年快乐、身体健康，列队跪拜，而后伸手要压岁钱。甚至追到爷爷奶奶、爸爸妈妈的卧房，大声嚷嚷要压岁钱，老人还嫌不够热闹，故做小气，讨价还价，最后把钱拿出来，被儿孙们一抢而空。老人逢此情景却高兴异常，认为这是新年事事顺利的好兆头。

据说压岁钱可以压住邪祟，因为“岁”与“祟”谐音，晚辈得到压岁钱可以平平

据说压岁钱可以压住邪祟

爆竹声后，碎红满地

安安地度过一岁。现在这些压岁钱多被孩子用来购买图书和学习用品，新的时尚为压岁钱赋予了新的内容。压岁钱不能直接送，而要很讲究地装在一个红包中，或者用一块红纸包着。红包的主要意义在红纸，因为它象征好运和吉祥。

（四）正月初一

前面讲到，春节俗称“过年”，原名“元旦”，“元”的本意为“头”，后引申为“开始”，因为这一天是一年的头一天，春季的头一天，正月的头一天，所以称为“三元”；因为这一天还是岁之朝，月之朝，日之朝，所以又称“三朝”；又因为它是第一个朔日，所以又称“元朔”。正月初一还有上日、正朝、三朔、三始等别称，意即正月初一是年、月、日三者的开始。

1.拜年

春节早晨，开门大吉，先放爆竹，叫做“开门炮仗”。爆竹声后，碎红满地，灿若云锦，称为“满堂红”。这时满街瑞气，喜气洋洋。

春节里的一项重要活动，是到亲朋好友、左邻右舍家祝贺新春，俗称“拜年”。“男女依次拜长辈，主者牵幼出谒戚友，或遣子弟

压岁包

代贺，谓之拜年。”这在我国民间已成为传统的习惯。

那么，拜年这一习俗又是怎么来的呢？

相传，古时候有一种怪兽，长着血盆大口，异常凶猛，人们叫它做“年”。每逢腊月三十晚，它便出来挨家挨户地残食人群。人们只得把肉食放到门外，然后把大门关上，躲在家里，直到初一早上，人们才开门互相作揖道喜，互相祝贺未被“年”吃掉。于是，拜年之风绵绵相传。到了宋代，上层统治阶级和士大夫感到互相登门拜年太耗费时日，便用名帖相互投贺。宋人周辉《清波杂志》称：“宋元祐年间，新年贺节，往往使用佣

古代拜年送贺年片

仆持名刺代往。”当时的贺年片，是一种用梅花笺纸裁成的约二寸宽、三寸长，上面写着自己的姓名和地址的卡片。朋友之间在农历正月初一这一天互相赠送，甚至不大熟悉的人也送一张，以广交友。明代，投寄贺年片之风更甚，文徵明有《拜年》诗云："不求见面惟通谒，名纸朝来满敝庐。我亦随人投数纸，世情嫌简不嫌虚。"

到了清代康熙年间，贺年片开始用红色硬纸片制作。当时流行一种“拜盒”，将贺年片放到锦盒里送给对方，以见庄重。民国初期，公历新年也有送贺年片的，同时品种花样也多起来。贺年片从设计到印刷，越来越艺术，内容也更加丰富。它从一种写有单纯祝福词语的卡片，发展成兼有书法、图画、诗词的精致玲珑的艺术小品。现在的贺年片小巧玲珑，既有年历，又有精美的画面，送给友人更增添了节日的情趣。

汉族拜年之风，汉代已有，唐宋之后日益盛行。有些不必亲身前往的，可用名帖投贺。东汉时称为“刺”，故名片又称“名刺”。明代之后，许多人家在门口贴一个红纸袋，专收名帖，叫“门簿”。

说起拜年这件事，内情大不相同。旧时拜年大体有这样几种：

第一种是属员拜上司的年，衙门里照例

如今的贺年卡片更为精巧

有“团拜”，那是官式的、公开的。为了表示忠勤，身为属员，最好在团拜之前，就到公馆里拜个“早年”。上司挡驾不见，你就对门房说：“不敢吵他，还请您替我向太太拜年。”当然，同时要塞一个红包在门房手心里。

第二种是同阶级、同身份的人，为联络感情、拉关系不得不去走一趟。有时候这类朋友太多了，就丢张片子在门房里、连面都不见，甚至自己根本不去，开好地址单，叫佣工去丢片子。

第三种是至亲家里有长辈的，做晚辈的一定要去拜年。要走进内宅，不但见了长辈要磕头，就是正堂悬挂的影像也该叩拜。因为彼此不是至亲，就是“父一辈、子一辈”的老世交。这种拜年的客人照例要留下吃饭，不能让人家空着肚子走的。

第四种是“忌门”。从前女人的交际只限于亲戚，自己没有朋友，就是有也不过是干姐妹、义母之类。按老规矩，女客拜年是在初五以后，因自年前腊月廿三祭灶之后老规矩要“忌门”。“忌门”是一忌讳女客上门，二忌讳丧服未满的人上门。直到过了初五“破五”，才允许女客进门，但仍然不欢迎穿孝

元宵节彩灯

的人。

第五种是出嫁的女儿和女婿回娘家拜年。小两口在娘家玩一天，吃两顿饭，丈母娘一般不留他们过夜。因为正月里新婚夫妇不许空房，丢下自己的屋子住在别人家里是犯忌的。

拜年活动要延续很长时间，到正月十五灯节左右。傍晚时分到人家拜年叫“拜夜节”，初十以后叫“拜灯节”男客拜年初五之前到了，是为上上；初五以后就表示是“敷衍了事”；到了灯节才露面，就更不足取了。如果因故未及时循例行礼，日后补行的，谓之“拜晚年”。所以有“有心拜年，寒食未迟”的笑话。

如今，拜年的习俗还仍然保留着，但从内容

拜灯节

到形式都发生了很大的变化。

贴画鸡

2.占岁

旧时民间以进入新年正月初几的天气阴晴来占本年年成，其说始于汉东方朔的《岁占》。谓岁后八日，一日为鸡日，二日为犬，三日为猪，四日为羊，五日为牛，六日为马，七日为人，八日为谷。如果当日晴朗；则所主之物繁育，当日阴，所主之日不昌。后代沿其习，认为初一至初十，皆以天气清朗；无风无雪为吉。后代由占岁发展成一系列的祭祀、庆祝活动。有“初一不杀鸡，初二不杀狗，初三不杀猪……初七不行刑”的风俗。

3.贴画鸡

古时春节在门窗上画鸡来驱鬼怪邪气。晋朝人著的《玄中记》里讲到了前面说到的度朔山上有只天鸡，当太阳刚刚升起、第一道阳光照到大树时，天鸡就啼鸣了。它一啼，天下的鸡就跟着叫起来了。所以春节所剪的鸡，其实就是象征着天鸡。然而古代神话中还有“鸡是重明鸟变形”的说法。

据说尧帝时，远方的友邦上贡一种能辟邪的重明鸟，深得大家喜爱，可是贡使不是年年都来，人们就刻一个木头的重明鸟，或用铜铸重明鸟放在门户，或者在门窗上画重明鸟，吓退妖魔鬼怪。因重明鸟样子类似鸡，以后就逐步改为画鸡或者剪窗花贴在门窗上，也即成为后世剪纸艺术的源头。

我国古代特别重视鸡，称它为“五德之禽”。《韩诗外传》说，它头上有冠，是文德；足后有距能斗，是武德；敌在前敢拼，是勇德；有食物招呼同类，是仁德；守夜不失时，天明报晓，是信德。所以人们不但在过年时剪鸡，而且也把新年首日定为鸡日。

4.聚财

俗传正月初一为扫帚生日，这一天不能动用扫帚，否则会扫走运气、破财，而把“扫

财神像

节日里，处处洋溢着喜庆

帚星”引来，招致霉运。假使非要扫地不可，须从外头扫到里边。这一天也不能往外泼水、倒垃圾，怕因此破财。今天许多地方还保留着这一习俗，大年夜扫除干净，年初一不出扫帚，不倒垃圾，备一大桶，以盛废水，当日不外泼。

（五）正月初二

正月初二（北方地区为正月初四），嫁出去的女儿们纷纷带着丈夫、儿女回娘家拜年。女儿回娘家，必备办一大袋的饼干、糖果，由母亲分送邻里乡亲，一如过年的情景。如果家中有多个女儿，而这些女儿又不在同一天归来，那么，就要来一个分一次，礼物颇薄，四块饼干而已。然而，它反映的情意却甚浓，真正的

财神像

是“礼轻情意重”，表达了姑娘对乡亲的切切思念。姑娘回到家中，若家中有侄儿，当姑母的必须再掏腰包，尽管在初一那天给压岁钱时已经送了，可这一次意义不同。这习俗，潮汕人称为“食日昼”。顾名思义，仅仅是吃中午饭而已，女儿必须在晚饭前赶回婆家。

祭财神

北方在正月初二祭财神，这天无论是商贸店铺，还是普通家庭，都要举行祭财神活动。各家把除夕夜接来的财神祭祀一番，实际上是把买来的粗糙印刷品焚化了事。这天中午要吃馄饨,俗称“元宝汤”。祭祀的供品用鱼和羊肉。老北京的大商号，这天均大举祭祀活动，祭品

武财神像

要用“五大供”，即整猪、整羊、整鸡、整鸭、红色活鲤鱼等，祈望今年要发大财。关于财神是谁，说法不统一，主要有以下几种：

赵公明，因张天师曾命其守玄坛，故又名赵玄坛。此人来源于《封神演义》，姜子牙封他为“金龙如意正一龙虎玄坛真君之神”。赵明朗，字公明，道教中的玄武之神，俗称赵公元师。此说来源于《三教搜神大全》，圣号全称为：“总管上清正一玄坛飞虎金轮执法赵元师”。

范蠡、赵公天师、关羽为武财神。此外还有供奉太白星者，称为“财帛星君”。因为太白星亦叫金星，附会为财神。还有以齐天大圣、招财童子为财神者。

民间所供大多以赵公明居多，其印刷的形象很威武，黑面浓髯，顶盔贯甲，手中执鞭，周围画有聚宝盆、大元宝、珊瑚之类的图案，加以衬托，突出富丽华贵的效果。

（六）正月初三

正月初三是女娲造羊的日子，故称“羊日”。在这一天里，人们不能杀羊，如果天气好，则意味着这一年里，羊会养得很好，养羊的人家会有个好年景。

门神

1.烧门神纸

旧时初三日夜，把年节时的松柏枝及节期所挂门神门笺等一并焚化，以示年已过完，又要开始营生。俗谚有“烧了门神纸，个人寻生理”。

2.贴“赤口”

在中国南方，大年初三早上要贴“赤口”（禁口），认为这一天里易生口角，不宜拜年。所谓“赤口”，一般是用长约七八寸、宽一寸的红纸条，上面写上一些出入平安的吉利话，贴在前门和后门的门顶上。另有一张放在垃圾上面，然后倒掉。这些垃圾是初一初二两天积下来的，一定要到初三才一起清理倒掉，否则，等于把家中的金银财宝向外流一样。总之，贴“赤口”，可使人们心

福

理上觉得一年到头都能出入平安，不与人发生口角或不招致各种不幸，家中多多招财进宝，万事如意。

3.“送年”

一般晚上举行送年仪式，是送诸神和祖先回天。

财神像

（七）正月初五

正月初五，俗称破五。民俗一说，破五前诸多禁忌，过此日皆可破。按照旧俗习惯，要吃“水饺”五日。如今，有的人家只吃三两天，有的隔一天一吃，然而没有不吃的。旧时从王公大宅到街巷小户都如是，就连待客也如此。妇女们也不再忌门，开始互相走访拜年、道贺。新嫁女子在这一天归宁。一说破五这一天不宜做事，否则本年内遇事破败。

破五习俗除了以上禁忌外，主要还有送穷、迎财神、开市贸易。

1.祭财神

南方人在正月初五祭财神。民间传说，财神即五路神。所谓五路，指东西南北中，意为出门五路，皆可得财。

清代顾禄《清嘉录》云："正月初五日，为路头神诞辰。金锣爆竹，牲醴毕陈，以争先为利市，必早起迎之，谓之接路头。"又说:"今之路头，是五祀中之行神。所谓五路，当是东西南北中耳。"上海旧历年有抢路头的习俗。正月初四子夜，备好祭牲、糕果、香烛等物，并鸣锣击鼓焚香礼拜，虔诚恭敬财神。初五日俗传是财神诞辰，为争利市，故先于初四接之，名曰"抢路头"，又称"接财神"。

五祀即祭户神、灶神、土神、门神、行神。凡接财神须供羊头与鲤鱼，供羊头有"吉祥"之意；供鲤鱼则是"鱼"与"余"谐音，

鲤鱼象征着吉祥多财

财神爷像

图个吉利。人们深信只要能够得到财神显灵，便可发财致富。

因此，每到过年，人们都在正月初五零时零分打开大门和窗户，燃香、放爆竹、点烟花，向财神表示欢迎。接过财神，大家还要吃路头酒，往往吃到天亮。大家满怀发财的希望，但愿财神爷能把金银财宝带来家里，在新的一年里发大财。

路头神

民俗以为接路头越早越好，最早接到的才是真神，特别灵验，因此叫“抢路头”。有的地方，在元月初四便“匆匆抢路头”了，且相袭成俗。既然路神已不再是行旅的保护者，人们便不再在赴旅时祭祀它了。

2.路头神

路头神是吴地所信奉的一位财神。俗以初五日为他的生日。

路头又称“五路神”。据说元末有个名叫何五路的人为抵御外寇而死，人们因此祀他为神，名“五路神”。但此五路神似乎与作为财神的路头五路神无涉。或又以五路神实为五圣神，或曰“五通神”。在清康熙年间汤斌毁禁上方山五通寺以后，民间不敢祀五通神，故改其名为路头而祀之。一般以此路头为古五祀中的行神，所谓五路乃东西南北中也。财货无不凭路而行，故人们以行神为财神，谨加祭祀，冀求引财入门，或出行获利。古人外出行旅，祭祀路神以求平安，此为“祖道”之俗。吴俗接路头，祭祀的也是路神，而这路神变成财神。路神变为财神，是因商业的发展，财货流通的加剧。财货往来于陆水之间，人们直观地认为，路在冥冥之中主宰了财货。

春节里到处洋溢着喜庆的气氛

倒“福”字

至于人们在元月初五祭拜路头神，并以此日为其生日，乃五路神中之“五”与初五之“五”牵连之故。北方于此日祭“五穷”也是一样。在正月而非其他月，乃取新年新气象，图一年吉利，财源茂盛，东西南北中，财富五路并进。

3.送穷

正月初五“送穷”，是我国古代民间一种很有特色的风俗，其意就是祭送穷鬼（穷神）。穷鬼，又称“穷子”。据宋陈元靓《岁时广记》引《文宗备问》记载：“颛顼高辛时，宫中生一子，不着完衣，宫中号称穷子。其后正月晦死，宫中葬之，相谓曰‘今日送穷子’。”

相传，穷鬼乃颛顼之子。他身材羸弱矮小，

红门灯笼

性喜穿破衣烂衫，喝稀饭。即使将新衣服给他，他也扯破或用火烧出洞以后才穿，因此“宫中号为穷子”。这一天各家用纸造妇人，称为“扫晴娘”“五穷妇”“五穷娘”，身背纸袋，将屋内秽土扫到袋内，送门外燃炮炸之。这一习俗又称为“送穷土”“送穷媳妇出门”。

陕西韩城一带，破五这一天忌出门，而且要将鲜肉放在锅中炙烤，还要爆炒麻豆，令其崩裂发声，认为这样可以崩除穷气，求得财运。此外，旧时除夕或正月初五要吃得特别饱，俗称“填穷坑”。民间广泛流行的送穷习俗，反映了我国人民普遍希望辞旧迎新，送走旧日贫穷困苦、迎接新一年美好生活的

古代送穷图

春节民俗表演

传统心理。

4.开市

旧俗春节期间，大小店铺从大年初一起关门，而在正月初五开市。俗以正月初五为财神圣日，认为选择这一天开市，必将招财进宝。

（八）正月初七

初七是人日亦称“人胜节”“人庆节”“人口日”“人七日”等。传说女娲初创世，在造出了鸡狗猪牛马羊等动物后，于第七天造出了人，所以这一天是人类的生日。

汉朝开始有人日节俗，魏晋后开始重视。古代人日有戴“人胜”的习俗。人胜是一种

长寿面

头饰，又叫“彩胜”“华胜”。从晋朝开始有剪彩为花、剪彩为人，或镂金箔为人来贴屏风，也戴在头发上。此外还有登高赋诗的习俗。唐代之后，更重视这个节日。每至人日，皇帝赐群臣彩缕人胜，又登高大宴群臣。如果正月初七天气晴朗，则主一年家人平安，万事顺利。

民间此日要吃春饼卷“盒子菜”（熟肉食品），并在庭院摊煎饼“熏天”。也有吃面条，称为“长寿面”，寓长命百岁之意。七宝羹，即用七种菜做成的羹，在人日的时候食用，以此来取吉兆。并说此物可以除去邪气，医治百病。各地物产不同，所用果菜不同，取意也有差别。广东潮汕用芥菜、芥蓝、韭菜、春菜、芹菜、蒜、厚瓣菜，客家人用芹菜、蒜、葱、芫荽、韭菜加鱼、肉等，台湾、福建用菠菜、芹菜、葱蒜、韭菜、芥菜、荠菜、白菜等。其中芹菜和葱兆聪明，蒜兆精于算计，芥菜令人长寿，如此种种。

（九）正月初八

1.谷子生日

传说初八是谷子的生日。如果这天天气晴朗，则主这一年稻谷丰收，天阴则年歉。这一天祝祭祈年，且禁食米饭。

2.顺星

传说初八是谷子的生日

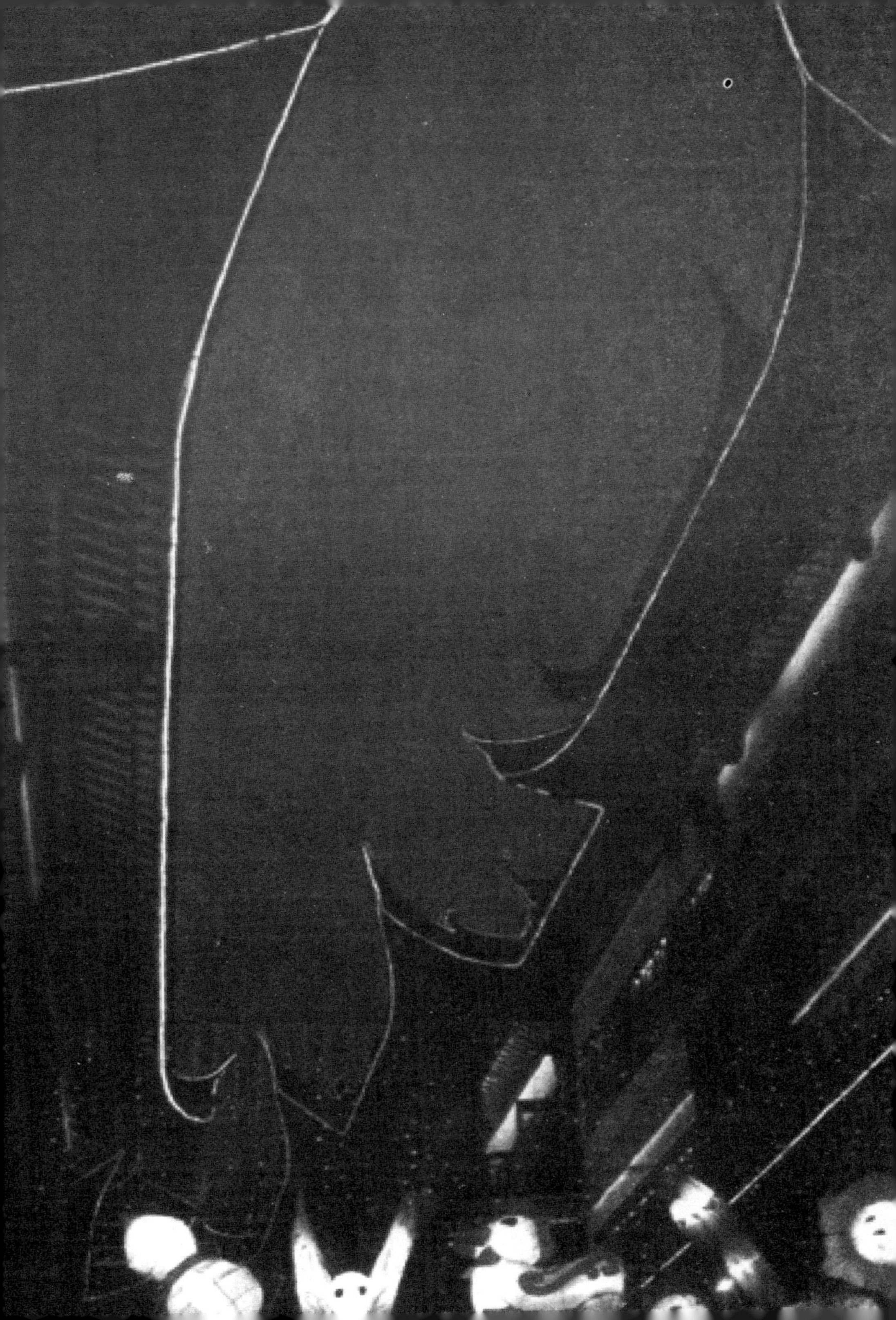

放生祈福

顺星又名“祭星”。正月初八晚上，天上星斗出齐后，各家都要举行一个顺星的祭祀仪式。祭星时，要在案头、灶台、门槛、锅台等处各放一盏“金灯”（黄灯花）并点燃，叫“散灯花儿”，有避除不祥之意。祭星结束后，全家聚在一起吃一顿元宵。

3.放生祈福

正月初八有“放生”活动，就是把家里养的一些鱼、鸟拿到外面，放归野外，使其回归自然，获得新生。

明代刘侗在《帝京景物略》中记载说：“正月八日，石磴巷放生，笼禽雀、盆鱼虾、筐螺蚌，罗堂前，僧做梵语，数千相向，纵羽空飞，孽着落屋上，移时乃去，水之类投皇城金水河中，网罟笋饵所希至。”

初八放生，不仅体现了古人尊重自然万物和谐相处的品德，也表达了新春之始期盼世间各种生物兴旺发达的美好愿望。

（十）正月初九

正月初九是天日，传说此日为天界最高神祇——玉皇大帝的生日，俗称“天公生”。“天公”就是“玉皇大帝”，道教称之为“元始天尊”，是主宰宇宙最高的神。他是统领

初九要备香烛祭玉皇

三界十方诸神以及人间万灵的最高神，代表至高无上的“天”。主要习俗有祭玉皇、道观斋天等。有些地方，天日时，妇女备清香花烛、斋碗，摆在天井巷口露天地方膜拜苍天，求天公赐福。

节日糖果

（十一）正月初十

初十为石头生日。这一天凡磨、碾等石制工具都不能动，甚至设祭享祀石头，恐伤庄稼。也称“石不动”“十不动”。河南风俗，这一日家家向石头焚香致敬。午餐必食馍饼，认为一年之内便会财运亨通。在山东郓城等地，有抬石头神之举。初九夜，人们将一瓦罐冻结在一块平滑的大石头上，初十早晨，以绳系罐鼻，由十个小伙子轮流抬着瓦罐走。石头不落地，则预示当年大丰收。

贺老鼠嫁女

旧时民间俗信。在正月举行的祀鼠活

动，亦称“老鼠嫁女”“老鼠娶亲”。具体日期因地而异，有的在正月初七，有的在正月二十五，不少地区是正月初十。山西平遥县初十日将面饼置墙根，名曰“贺老鼠嫁女”，湖南宁远则以十七日为“老鼠嫁女”这一日忌开启箱柜，怕惊动老鼠。前一天晚上，儿童将糖果、花生等放置阴暗处，并将锅盖、簸箕等物大敲大打，为老鼠催妆。第二天早晨，将鼠穴闭塞，认为从此以后老鼠可以永远绝迹。还有的地区于老鼠娶妇日，很早就上床睡觉，也为不惊扰老鼠，俗谓“你扰它一天，它扰你一年”。

在江南一带的民间传说中，说老鼠是

“老鼠嫁女”剪纸

害人的，不吉利，所以旧历年三十夜要把它嫁出去，以确保来年平安吉祥。上海郊区有些地方说老鼠嫁女是在正月十六，这天晚上，家家户户炒芝麻糖，就是在为老鼠成亲准备喜糖。

在北方，老鼠嫁女是在正月二十五日的晚上。这天夜里，家家户户不点灯，全家人坐在炕头上，一声不响，摸黑吃着用面粉做成的“老鼠爪爪”“蝎子尾巴”和炒大豆。“不点灯、不出声”的意思是为老鼠嫁女提供方便，生怕惊扰了娶亲喜事；吃“老鼠爪爪”表示人们期望老鼠的爪子发痒，好早些起来行动；吃“蝎子尾巴”即是为了老鼠嫁女出洞时不

美味的芝麻糖

“老鼠嫁女”剪纸

会受到蝎子伤害；吃炒大豆发出嘎嘣的脆响，似乎是给老鼠娶亲放鞭炮。

在老鼠嫁女夜晚，湖南资兴一带则在屋角、过道遍插蜡烛，意思是将老鼠娶亲途经之路照得通亮。

“老鼠嫁女”“老鼠娶亲”的年画和剪纸在我国民间视为“吉祥物”，逢年过节时贴在墙上和窗户上。四川绵竹印制的《老鼠嫁女》年画，表现一伙老鼠掮旗打伞，敲锣吹喇叭，抬着花轿迎亲。骑在癞蛤蟆背上的是“新郎”，头戴清朝的官帽，手摇折扇，双目注视着一只大金箱，显出一副贪婪的样子。正当这伙丑类大摇大摆、招摇过市之时，等待它们的

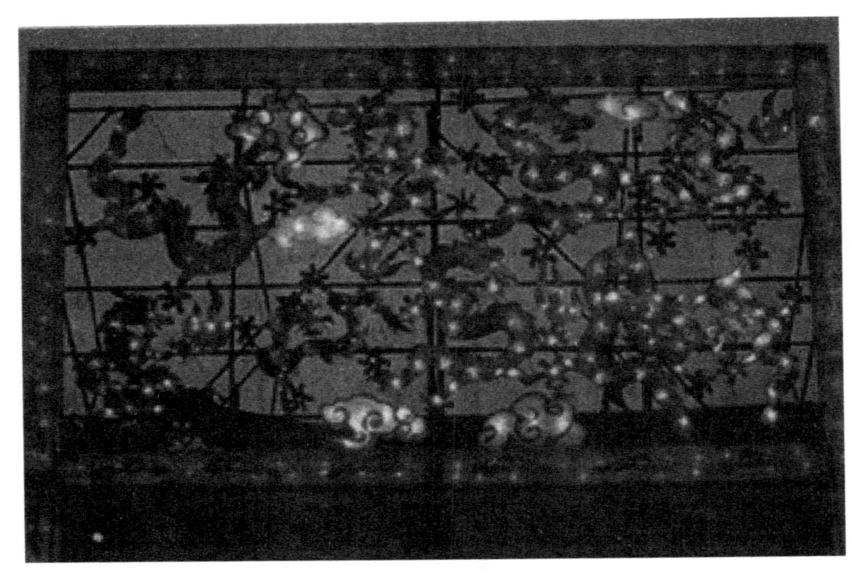
元宵节观灯

却是一只大黄猫。前面鸣锣开道的一对鼠兄鼠弟，一只已被猫的利爪抓住，另一只则咬在猫的嘴上。此时，坐在花轿里的“新娘”，自知末日来临、泪流满面。这幅年画反映了人民爱憎分明的思想感情。。

（十二）正月十五（元宵节）

“元宵节”是我国主要的传统节日，也叫“元夕”“元夜”，又称“上元节”，因历代相袭，这一节日有观灯习俗，故又称“灯节”。

元宵节习俗的形成有一个较长的过程。早在两千多年前，汉文帝是周勃勘平“诸吕之乱”以后上台的，勘平之日是正月十五。

此后每逢这天夜晚，汉文帝都要出宫游玩，“与民同乐”。“夜”在古语中又称“宵”，于是，汉文帝就把正月十五这一天定为“元宵节”。汉代司马迁在建议汉武帝修改历法，创建《太初历》时，把元宵节列为重大节日。汉武帝正月上元夜在甘泉宫祭祀的活动，被后人视作正月十五祭祀天神的先声。不过，正月十五真正成为民俗节日是在汉魏之后。东汉佛教文化的传入，对于形成元宵节俗有着重要的推动意义。

汉明帝永平年间，因汉明帝提倡佛法，适逢蔡愔从印度求得佛法归来，称“印度摩竭陀国每逢正月十五，僧众云集瞻仰佛舍利，是参佛的吉日良辰”。汉明帝为了弘扬佛法，下令正月十五夜在宫中和寺院“燃灯表佛”。从此，“正月十五夜燃灯”的习俗随着佛教文化影响的扩大及道教文化的加入逐渐在中国扩展开来。

而元宵节习俗真正的动力是因为它处在新的时间点上，人们充分利用这一特殊的时间阶段来表达自己的生活愿望。

元宵放灯的习俗，在唐代发展成为盛况空前的灯市。中唐以后，已发展成为全民性的狂欢节。唐玄宗时的开元盛世，长

元宵节放灯

元宵节灯会

安的灯市规模很大，燃灯五万盏，花灯花样繁多；巨型灯楼，多达20间、高150尺，金光璀璨，极为壮观。

以后历代的元宵灯会不断发展，灯节的时间也越来越长。唐代的灯会是“上元前后各一日”，宋代又在十六之后加了两日，明代则延长到由初八到十八整整十天。

到了清代，满族入主中原，宫廷不再办灯会，民间的灯会却仍然壮观。日期缩短为五天，一直延续到今天。

“猜灯谜”又叫“打灯谜”，是元宵节后增的一项活动，出现在宋朝。南宋时，首都临安每逢元宵节时，制迷、猜谜的人众多。

舞狮

开始时是好事者把谜语写在纸条上，贴在五光十色的彩灯上供人猜。因为谜语能启迪智慧又饶有兴趣，所以流传过程中深受社会各阶层的欢迎。

唐宋时灯市开始出现各式杂耍技艺。明清两代的灯市上除有灯谜与百戏歌舞之外，又增设了戏曲表演的内容。

历代人们除游灯市外，又有迎紫姑祭厕神、过桥摸钉走百病等习俗，有击太平鼓、秧歌、高跷、舞龙、舞狮等游戏。同时，还要吃些应节食物：南北朝时代吃伴和肉与动物油熬煮的豆粥或米粥，唐代吃一种叫“面茧”的面食，到宋代有盐豉汤和绿豆粉做的

舞狮表演

科斗羹，并出现了“圆子”。此后，南北方均以吃“元宵”为习俗。

元宵节期间，是男女青年与情人相会的时机，所以元宵节又成了中国的“情人节”。

传统社会的元宵节是城乡重视的民俗大节，它体现了中国民众特有的狂欢精神。传统元宵所承载的节俗功能已被日常生活消解，人们逐渐失去了共同的精神兴趣，复杂的节庆习俗已经简化为“吃元宵”的食俗。

1.舞狮子

每当“爆竹一声除旧岁”时，在我国广阔的土地上，传统的舞狮活动就伴随着送暖的春风和欢乐的锣鼓，出现在城镇和农村，为一年一度的新春佳节增添了浓郁的欢乐气氛。

舞狮是我国一项传统的民间体育活动，起源于南北朝时期。

据传，南朝宋文帝元嘉二十三年（466年）五月，宋交州刺史擅和之奉命伐林邑，林邑王范阳还使用了象军参战。这支象军由于士兵持着长矛，骑在又高又大的象背上，所以使仅仅拥有短兵器的敌方，连接近它都很困难，宋军的士兵开始吃了大亏。后来，先锋官振武将军宗悫想了个办法。他说，百兽都害怕狮子，大象大概也不会例外。于是，连夜用布、麻等做成了许多假狮子，涂上五颜六色，又特别张大了嘴巴。每一个“狮子”由两个战士披架着，隐伏草丛中。他还在预定的战场周围，挖了不少又深又大的陷阱。敌方驱象军来攻，宗悫随即放出了假狮子，这种“雄狮”一个个翻动着斗大的血口，张牙舞爪直奔大象。大象吓得掉头乱窜，宗悫又乘机指挥士兵万弩齐放，受惊的大象顿时没命地向四处奔跑，不少跌到陷阱里，人和象俱被活捉。从此，舞狮首先在军队中流行，然后传到民间。唐代诗人白居易的《西凉使》

舞狮活动为新春佳节增添了浓郁的欢乐气氛

舞狮上楼台

中就有“假面胡人假面狮，刻木为头丝作尾。金镀眼睛银帖齿，奋起毛衣摆双耳……”。由此可见，在唐代已经有类似现代的狮子舞了。

为什么在春节期间人们喜欢舞狮子呢？据说，明朝初年，广东佛山地区出现了一头怪兽，每逢年岁将尽，则在佛山郊区出现，到处糟踏庄稼，残害人畜，乡农不胜其苦。人们就把竹篾扎成若干头狮子模型，并涂上各种斑驳的颜色，事前布置好。当怪兽出现时，锣鼓齐鸣，群狮奋舞，一齐朝着那头怪兽进发。那怪兽惊恐万状，掉头就跑。而后，当地乡民认为狮子有驱邪镇妖之功，有吉祥之兆。于是，每年春节打敲鼓，舞狮拜年，以示消灾除害、预报吉祥之意。

舞狮子，除春节外，在喜庆的日子里，也常以舞狮助兴。民间一般由两人合作扮一头大狮子（有的地区称太狮），一人扮作一头小狮子（有的地区称少狮），另一人扮武士，手拿绣球作引导，并先开拳踢打，以诱引狮子起舞。狮子随着鼓点的快、慢、轻、重，忽而翘首仰视，忽而回头低顾，忽而回首匍匐，忽而摇头摆尾，千姿百态，妙趣横生。在模仿动作上，有舐毛、擦脚、搔头、洗耳、朝拜、翻滚等动作；在技巧上，有上楼台、过天桥、跨三山、出洞、下山、滚球、吐球和采青等。

2.耍龙灯

新春佳节，在我国广大城镇，有“耍龙灯”的习惯。“耍龙灯”也叫“舞龙”，又称“龙灯舞”，是流行于我国的一种民间舞蹈。

我国古代人民为寄托美好愿望而创造了龙的形象。相传，古人把龙、凤、麒麟、龟称为四灵。“四灵”的造型优美，绚丽多彩，线条刚柔相济。在历史长河中闪耀着独特的艺术光彩。早在商殷时代，铜器和骨刻上就有龙形图案；周代铜器的龙纹已渐趋完整。“耍龙灯”在汉代民间已相当普遍了。唐、宋时期的“社火”“舞队”表演中，“耍龙灯“已是常见的表演形式。宋代吴自牧著的《梦粱录》中记载：南宋行都临安（今杭州）“元宵之夜……草缚成龙，用青幕遮草上，密置灯烛万盏，望之蜿蜒如双龙之状。”

在古代，人们把“龙”作为吉祥的化身，代表着风调雨顺的愿望。因此，用舞龙祈祷神龙的保佑，以求得风调雨顺，四季丰收。人们舞起用竹、铁结成架子，外用绸缎或布

耍龙灯

匹制作的彩龙取乐，表现欢快的心情。经过民间艺人不断加工制造，到现在“耍龙灯”已发展成为一种形式完美、具有相当表演技巧和带有浪漫主义色彩的民间舞蹈艺术，深为广大群众所爱。

表演“耍龙灯”，有“单龙戏珠”与“双龙戏珠”两种。龙身由许多节组成，每节间距约五尺左右，每一节称一档。组成龙身的“节”，一般都是单数（如九节、十一节和十三节）。龙头部分轻重不同，一般重量约三十多斤。龙珠内点蜡烛的称“龙灯”，不点的称“布龙”。

在耍法上，各地风格不一，各具特色。

龙灯

耍九节的主要侧重于花样技巧，较常见的动作有：蛟龙漫游、龙头钻裆子（穿花）、头尾齐钻、龙摆尾和蛇蜕皮等。耍龙中，不论表演哪种花样动作，表演者都得用碎步起跑。耍十一、十三节龙的，主要表演蛟龙的动作，就是巨龙追逐着红色的宝珠飞腾跳跃，忽而高耸，似飞冲云端；忽而低下，像入海破浪，蜿蜒腾挪，煞是好看。

秧歌队

农村耍龙灯还有个习惯，就是不仅在本村耍，还到外村表演，到镇上或城市宽阔的街头、广场去“赛演”。每当新春至元宵节期间，在此起彼落的锣鼓声、鞭炮声中，各个民间“舞龙队”大显身手，引动万人空巷。

3.踩高跷

每当春节到来，在我国许多地方流行另一种舞蹈就是踩高跷。一个个化了妆的人，足踩三四尺的木跷，手执扇羽，舞来舞去。有集体对舞，也有三人起舞，引得人们翘首仰望，欢声雷动。在南方，高跷属《插秧歌》的一种。唱者踩高跷是避免秧田泥水溅身，手执扇子是要重心平衡，劳动气息十分浓厚。清代恩竹樵写过一首《咏秧歌》：“捷足居然逐队高，步虚应许快联曹。笑他立脚无根据，

冀东大秧歌表演

也在人间走一遭。”

在《列子·说符》中有这样的记载：“宋有兰子者，以技于宋元，宋元召而使见。其技以双技，长倍其身，属其胫，并趋并驰，弄七剑迭而跃之，五剑常在空中。元君大惊，立赐金帛。”

如今，高跷作为群众喜闻乐见的一种艺术形式，已赋予新的内容，或扮演成活报剧，或扮演成戏中角色，深为群众所欢迎。

4.逛花市

年宵花市，旧时称为除夕花市，大约始于明代。年宵花市以广州最负盛名。屈大均的《广东新语》中就提到明代广州已出现花市。当时广州河南三十三乡的百姓，多半是以种花为生的花农。他们从河南到河北来种花卖花，就从五仙门附近的码头过渡登岸，后人称这地方为“花埠头”，这就是广州最早的花市。今天的年宵花市就是昔日花市演变而来的。四季如春的广州，每当春节到来之际，按历代习俗，都要举行一年一度的年宵花市。

为了迎接年宵花市的到来，人们早在春节前一个月就着手准备了，郊外到处可看到树上挂着的串串鲜花。年宵花市到来前几天，

广州花市已搭架，许多人陆续前往，买回一把鲜艳夺目的花插在瓶内，把家里点缀得生机勃勃，春意盎然。

到了花市那天，人山人海，汇合成一股巨大、温馨的热流。除夕之夜，花市开始进入了高潮。花市上有“竞夸天下无双色，独占人间第一春”的牡丹，有“宁可抱香枝头老，不随黄叶舞秋风”的各色名菊，还有誉满南国的大丽、玫瑰、芍药、米兰……淡妆素裹的“沙漠美人”——肉质植物仙人掌、仙人球，落户在广州的“凌波仙子”水仙花，也都在花市上笑脸迎人。“花坛盟主”的山区贵客“吊钟花”一枝就有百个，甚至几百个花蕾，只要调节适当，到了初一，一个个、一双双地吊在枝头，给节日添上了热烈、蓬勃的生机。花市里还有橘果流金的各种果实，一盘盘、一层层，枝头上挂满了柑、橙、橘……。还有那“水中鲜花”的各种各样金鱼，随风摇曳的各色彩灯，都吸引着成千上万的观众。当你站在那一片花海中，端详着那香气袭人、微微颤动和舒展着叶芽怒生的五彩缤纷的珍品，你会情不自禁地赞叹，人们选择和布置这样一个场面，作为迎春的高潮，真是匠心独具！

赏冰灯

冰灯是北方特有的一种民间艺术

5.赏冰灯

当人们在南方饱览了百花争春、橘果流金的花城美景之后，再乘上飞机飞向北国的冰城，展现在人们眼前的却是另一番景色。极目四望，千里冰封，百里雪飘，恰是一个银装素裹的冰雪世界。

正如珠江三角洲人民爱好花卉而每年举行一次“花市”活动一样，生活在松花江流域的人们，也酷爱冰雪艺术，他们每年新春前后也要举行隆重的“冰灯游园会”。

冰灯，是北方特有的一种民间艺术。在我国已有几百年的历史了。据说，过去松花江沿岸的渔民在冬日凿冰捕鱼时，常用水桶冻一个“冰坨子”，中间点一盏灯，用来照明，

赏冰灯

这就是最原始的冰灯了。

到了清代中叶，每逢正月十五，大人常常为孩子们制作能提拿的各种小冰灯。它成为孩子们游街串巷，互相媲美的节日礼物。有的城镇还举办了小型的冰灯游园活动。《黑龙江外记》记载："上元，城中张灯五夜，车声彻夜不绝。有镂五六尺冰为寿星灯者。中燃双炬，望之如水晶！"可见，元宵之夜是何等热闹。唐顺之的《元夕咏冰灯》诗中，对元宵之夜的冰灯盛况作了生动的描写："正怜火树斗春妍，忽见清辉映夜阑。出海蛟珠犹带水，满堂罗袖欲生寒。烛花不碍空中影，晕气疑从月里看。为话东风暂相借，来宵还

赏冰灯

赏冰灯

得尽余欢。”

到了近代，哈尔滨市继承过去的传统，经常举办冰灯游园晚会。黑龙江省的齐齐哈尔、佳木斯，吉林省的长春、吉林等城市，春节期间都分别举行冰雪节活动。“冰灯游园会”“冰城灯展”等活动，每年吸引大批中外游客前往，冰雪文化已经成为北方城市重要的旅游资源。各式各样冰雪造型把城市装扮得分外妖娆。这里，既有雄伟壮观的大型建筑群，又有玲珑别致的小巧个体人物、动植物；既有栩栩如生的古今中外的传奇人物，又有引人入胜的神话雕塑；既有千姿百态的花卉，又有惟妙惟肖的动物造型；既有山水风光的冰峰玉洞，也有独放异彩的冰灯雪盏。真是五光十色，晶莹剔透，美不胜收！

哈尔滨冰灯

冰灯的制作，可分为冷冻和冰雕两种。一般小型的冰灯，先要做好模具，然后向模具中注水，送到室外冷冻。在冷冻时，须将冻结的冰面凿一大孔，以防模具冻坏。当冻到一定厚度时，即将里面的水倒出，拿回室内，等到稍融后，便可将冰壳拔出。然后用烧红的铁条将冰壳穿上小孔，系上铁丝，安好电灯，接上电源，一盏玲珑小巧、晶莹夺目的冰灯就算告成了。制造冰峰、冰兽、冰塔、冰楼

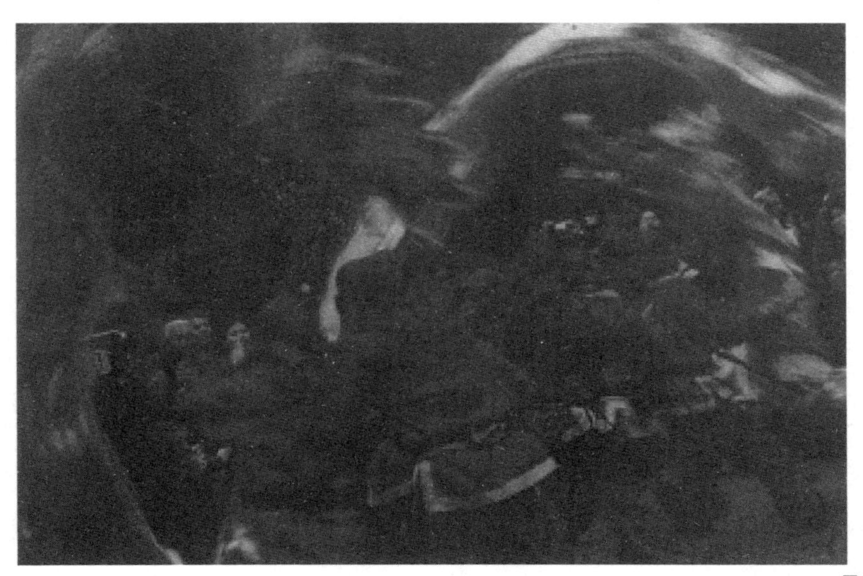

飞舞的巨龙

等大型的冰制品，则要根据设计要求，用天然冰块砌成不同的冰堆，然后用斧、锯、铲等工具加以精雕细刻，加工成各种动物、花卉和建筑。大小冰灯中的电灯，都是制作者凿洞放进去的。人们把冰雪和灯光巧妙地配合起来，造型点景，别具风格。随着科学技术的进步，人们在制作技术上有了新的进步，造型更加独特，形象也更加逼真。如今，每当举办冰雪游园会时，还会邀请国外朋友来参加活动，给活动增添异域风光。

（十三）二月初二（龙头节）

“龙头节”，又名“青龙节”。每年农历二月初二，是我国的传统节日。

龙剪纸

相传，武则天篡权夺唐室江山，改国号为周，自封大周武皇帝。玉帝闻之大怒，命太白金星传谕四海龙王，三年内不准向人间降雨。这可苦了百姓，从立夏到寒露，整整一百五十多天滴雨未下，旱得庄稼枯死，河塘枯竭。人们眼看要生路断绝，个个哭干了眼睛，哭哑了嗓子。众雨神听了虽不忍心，但也不敢违抗玉帝的旨意。

一天，忽然从远处飘来了朵朵云彩。那云彩越来越大，一会就把整个天空遮住了。一阵和风吹过，“哗哗哗”下了一阵倾盆大雨。久旱得雨，人心欢畅，人们不顾衣湿身冷，对空跪拜，感谢天老爷降福人间。

包谷花

原来这是司管天河的玉龙行的雨。这玉龙上次曾为救民行雨，被打到凡间受罪，变成一匹白马，跟唐僧跋山涉水，受尽磨难。后来因取经成功，被重新召回天河。这些天来，他听到人们的哭声，看着饿死人的惨景，不顾再次被打入凡间的危险，喝足了天河之水，张开巨口行雨。玉帝听说这件事，勃然大怒，把他压在一座山下受罪。山上立通碑，上面写道："玉龙降雨犯天规，当受人间千秋罪。若想重登灵宵阁，金豆开花方可归。"人们为了挽救玉龙，报答它的救命之恩，盼他重上云天，再降甘露，急待金豆开花。他们找啊找啊，总找不到金豆花。到了第二年二月初一这天，正逢赶集之日，一个老婆婆背着一袋包谷卖，一下没招呼好，袋子口松开了，金黄金黄的包谷籽撒了一地。人们心头一亮，心想：这包谷籽不就是金豆吗？于是，一传十，十传百，很快传到这一方人耳里，次日家家都要炒包谷豆。

二月二那天，各家各户把炒好的包谷花用簸箕盛着，供到当院，有的还端着送到玉龙身边。玉龙见人们待他如此之好，再也忍不住了，便大声喊道："太白老头，金豆开

春节庙会上的彩灯

花了，还不快放我回去！”太白金星人老眼花，看不清楚，便一招手，收了拂尘。镇压玉龙的那座大山原是太白金星的拂尘化的，随着拂尘的升起，玉龙一声长啸，腾身而起，跃上云间，用尽平生之力，对着旱得冒烟的大地“哗哗哗”又喷起来，转眼之间，沟满壕平，地得饱和。

再说玉帝这时正在灵宵殿上，观赏仙女歌舞，值日官进来禀报，玉龙又违旨降雨。玉帝急唤来太白金星责问。太白金星已知把事办错了，只好说：“你那时不是说等金豆开花便放吗，今晨我看见凡间的金豆都开花了，就收了拂尘。”玉帝气得浑身发抖说:“那是包谷花啊！”太白金星见玉帝发了火，就一言不发地站在那里，直到玉帝气消了些，才试探着说：“我想着咱天上的香烟全靠百姓供奉，要是把他们都饿死了，咱以后怎么办呢？”玉帝听后无言以对，只好又把玉龙召回天上。

玉龙虽不被治罪了，但民间为了纪念他，每年二月二日那天，很早就起来炒包谷花。有的还边炒边唱:“二月二，龙抬头，大仓满，小仓流。”这一习俗一直流传至今天。

四、春节诗文

新春伊始，大地复苏，万象更新。古往今来，多少文人墨客诗兴大发，赋诗言志，给后人留下了许多名篇佳句。

唐代诗人孟浩然，由于得不到进仕的机会，徜徉于山水之中，写下了许多反映隐逸生活的诗歌。《田家元日》写的正是他在故乡鹿门隐居中过春节的心境。诗云：昨夜斗回北，今朝岁起东；我年已强壮，无禄尚忧农。桑野就耕父，荷锄随牧童；田家占气候，共说此年丰。

宋代王安石《元日》：爆竹声中一岁除，春风送暖入屠苏；千门万户曈曈日，总把新桃换旧符。在爆竹声中，一年过去了，春风把暖和的空气吹来，送来了屠苏美酒。在东方初升

爆竹声中一岁除

文天祥曾在狱中写下诗作《除夜》

的太阳下，千家万户都在更换旧的桃符，以迎接新年的到来。这首诗通过元日早晨家家户户喜庆景象的描写，反映了诗人坚持改革变法的坚定信念和欢快心情。

南宋民族英雄、诗人文天祥，为了保住宋朝一角河山，进行过不屈不挠的斗争，被虏囚于牢狱中，除夕之夜写下《除夜》诗一首："乾坤空落落，岁月去堂堂。末路惊风雨，穷边饱雪霜。命随年欲尽，身与世俱忘。无复屠苏梦，挑灯夜未央。"按理说，除夕之夜该是全家团聚喝"屠苏酒"的时候，可是，当今"乾坤空落落，岁月去堂堂"，这样漫漫的长夜，何时才能到明天呀！道出了作者感怀之情，表现了

细草穿沙雪半消

诗人忧国忧民的高尚品质。

南宋著名诗人辛弃疾，曾元日投宿博山野寺中，故地重游，感叹其志。壮志未酬，慨然赋词《水调歌头》:“头白齿牙缺，君勿笑衰翁。无穷天地今古，人在四之中。臭腐神奇俱尽，贵贱贤愚等耳，造物也儿童。老佛更堪笑，谈妙说虚空。坐堆逐，行答飒，立龙钟。有时三盏两盏，淡酒醉蒙鸿。四十九年前事，一百八盘狭路，柱杖倚墙东。老境竟何似，只与少年同。”

南宋诗人姜夔于1191年除夕，从石湖范成大的别墅乘船而归。途中梅花馨香扑鼻有感而作《除夜自石湖归苕溪》诗一首，颇为别致。诗云:“细草穿沙雪半消，吴宫烟冷水迢迢。梅花竹里无人见，一夜吹香过石桥。”

新春即将降临，积雪刚刚融化了一半，小草就从沙地里露出了头。可是吴国王宫的旧址一片寒烟荒草，只有那河水向着遥远的方向流淌。然而，竹丛里开着的梅花却未被人发现，让那幽香一夜地喷着，行船就在这幽香中穿过，经过了一个石桥又一个石桥，短短的绝句，使诗人那种喜悦的心情跃然纸上。